Carte dessinée par Philippe Mignon
d'après les indications de l'auteur.

Conforme à la loi n° 49956 du 16 juillet 1949
sur les publications destinées à la jeunesse
ISBN 978-2-09-251447-4

L'ŒIL DU MILIEU

TOME 3

LA NYMPHE ET SON SECRET

Patrick Delperdange

Illustrations d'Olivier Nadel

Nathan

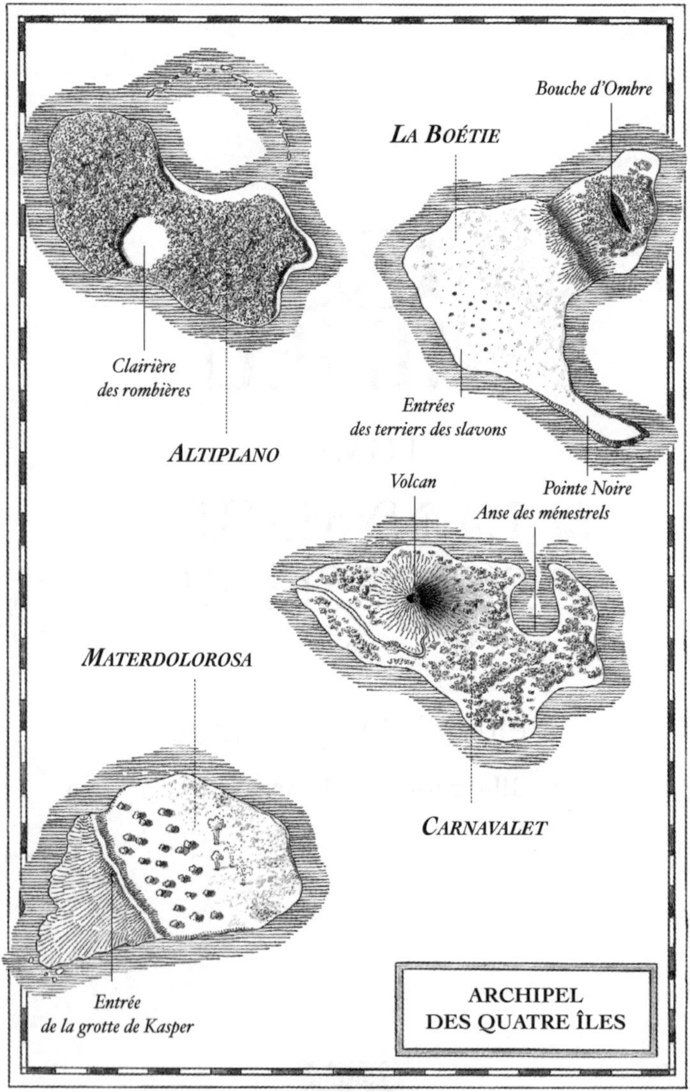
Bouche d'Ombre
LA BOÉTIE
Clairière
des rombières
Entrées
des terriers des slavons
ALTIPLANO
Volcan
Pointe Noire
Anse des ménestrels
MATERDOLOROSA
CARNAVALET
Entrée
de la grotte de Kasper
ARCHIPEL
DES QUATRE ÎLES

Résumé des deux premiers tomes : *Prisonnier dans l'île* et *La clé de nacre*.

En ces premières années du XVIIIe siècle, Samuel Stone, jeune orphelin de treize ans, s'est embarqué comme mousse sur le *Queen Bee*, un trois-mâts qui sillonne les mers du globe. Alors que le navire mouille en plein Pacifique, devant un archipel de quatre îles, Samuel décide d'aller le visiter malgré l'interdiction de son capitaine. Sur la plage, Stone fait la connaissance d'Albert du Postillon, un étrange personnage qui le met en garde contre les « rombières » avant de s'enfuir. Distrait, Samuel s'aperçoit trop tard que son bateau reprend la mer en l'abandonnant sur l'île d'Altiplano !

Le jeune homme est blessé par les flèches de deux nymphes dont l'une, Karina, lui confie en secret une petite clé de nacre. Stone, prisonnier, est alors livré aux rombières. Ces cruelles chasseuses détiennent le pouvoir sur cet archipel et dominent notamment les slavons, un peuple d'hommes vivant reclus sur l'île de la Boétie. Stone comprend que cette communauté vit coupée du reste du monde et a développé ses propres coutumes. Lui qui apporte la preuve de l'existence d'une vie au-delà de l'archipel, il représente donc un danger pour les rombières, qui le condamnent à mort. Alors qu'un incendie affole tout le monde, il en profite pour s'enfuir à la nage. Soudain, un requin lui happe la jambe et l'entraîne vers le fond. Mais il est sauvé par un ménestrel, une sorte de sirène télépathe qui le dépose inanimé, le pied gauche arraché, sur le sable de la Boétie. Albert du Postillon, qui vit avec les slavons, recueille et soigne le jeune homme. Pendant sa convalescence, Stone découvre un étui qu'il parvient à ouvrir grâce à la clef que Karina lui a donnée. Cet étui renferme l'œil du milieu, une lunette qui lui permet de voir l'avenir quand il l'applique entre ses yeux.

Karina, prévenue par un ménestrel, apprend que Sam est toujours vivant. Elle n'a alors plus qu'une idée en tête, celle de le revoir. Elle ira même jusqu'à tromper la confiance de Calisoraya, la reine des rombières, pour retrouver le jeune homme.

CHAPITRE I

Une odeur de fumée flottait encore dans l'air de la clairière, comme si elle avait imprégné les lieux où étaient groupées les huttes aux toits de feuilles. Depuis l'incendie qui avait causé la mort de la vieille Calidora, les chasseuses n'avaient pas reconstruit la grande Maison royale. Au centre du village ne demeuraient que les vestiges des plus gros piliers de bois, noircis par les flammes. Entre eux, on apercevait les restes des victuailles et des marchandises, détruites elles aussi. Quelques grandes coquilles de bénitier et deux ou trois mâchoires de requin avaient résisté aux flammes. C'étaient les seules choses qu'on avait trouvées dans les cendres refroidies. La viande, les grains, les tapis, les plumes, tout avait flambé.

– Il va nous falloir travailler dur, chères sœurs, déclara Soraya, la nouvelle reine.

L'ensemble de la petite communauté se tenait rassemblée autour d'elle et l'écoutait dans une attitude recueillie. Seules quelques fillettes, trop jeunes pour saisir la gravité de la situation, chuchotaient en étouffant des petits rires.

– C'est pourquoi j'ai décidé, reprit la reine, de faire appel à toutes celles d'entre nous qui se trouvent en âge de joindre leurs efforts à ceux des chasseuses. Que les nymphes se rassemblent dans leur maison et y restent jusqu'à ma visite. Je viendrai m'adresser à elles lorsque le conseil sera terminé.

Il est vrai que la situation était des plus alarmantes. Il fallait reconstituer les réserves avant le début de la mauvaise saison, prévu dans une quinzaine de jours. Pendant cette période, un vent chaud et sec soufflait si fort que les gaspards s'enfonçaient au fond de trous où il n'était pas possible de les dénicher. Les arbres dépérissaient et leur mœlle perdait l'essentiel de ses qualités nutritives. Les plantations séchaient sur pied, par manque de pluie. Les meilleures années, ces conditions d'aridité extrême ne duraient heureusement qu'un mois ou deux. Après quoi, de légers nuages recommençaient à survoler les îles et répandaient les premières gouttes salvatrices. Les gaspards émergeaient de leur hibernation et entreprenaient aussitôt de se refaire une santé, en avalant les larves des insectes qui, eux aussi, venaient de reparaître. C'était comme si les îles reprenaient vie. D'ici là, la communauté allait devoir subsister sur les maigres réserves et sur ce que l'on pourrait réunir de gibier et de végétaux comestibles, avant que se lèvent les bourrasques de vent torride.

Les nymphes s'éloignèrent du cercle des chasseuses, ainsi que la reine le leur avait demandé. Sous la conduite des plus grandes, la troupe des filles prit le chemin de la hutte construite à l'écart des autres habitations.

En pénétrant dans la longue demeure, Rana chercha du regard son amie Karina. Les autres jeunes filles s'étaient déjà rassemblées pour attendre la visite de Calisoraya.

Après un dernier coup d'œil à la clairière, Rana alla s'asseoir dans un coin. Elle sentait confusément que Karina ne rejoindrait pas les autres nymphes. Où pouvait-elle bien se trouver ? Rana l'avait cherchée partout, avait parcouru les sentiers qu'elles avaient l'habitude d'emprunter au cours de leurs pérégrinations sur Altiplano. Elle avait fouillé les cachettes où elles se réfugiaient pour échanger leurs secrets sans être dérangées. Karina avait bel et bien disparu.

– C'est plus que jamais le moment de vous montrer habiles à la chasse, mes sœurs, annonça Soraya lorsque les nymphes furent entrées dans leur hutte. C'est le moment de couper autant de troncs de palmiers que possible et de faire cuire leur moelle. De récolter les fruits des bois. De cueillir les graines et les gousses.

– Et les slavons ? lança soudain Matreia, la chasseuse au teint cuivré.

Elle fit bouger l'arc qu'elle tenait sur l'épaule, pour le remettre en place, comme si elle était un peu gênée d'avoir interrompu la reine.

– Les slavons ? demanda Soraya. Que veux-tu dire ?

– Ils ont attrapé la plupart des gaspards de la Boétie, reprit Matreia. Ils ont mis des pièges partout. Je suis sûre qu'ils détiennent d'énormes réserves de viande fumée.

– Eh bien ?

– Dénichons ces sauvages dans leurs tanières et prenons-leur ce qu'il nous faut ! s'exclama Matreia. Si nous manquons de viande, allons la chercher là où elle se trouve.

Plusieurs chasseuses approuvèrent cette idée de la tête.

– Ils vont en avoir besoin eux aussi pour passer la mauvaise saison, dit la reine.

– Il vaut mieux que ce soit nous qui consommions ces victuailles, répliqua Matreia. Les slavons ne sont pas si précieux. S'il en meurt quelques-uns, après tout, quelle importance ?

– Je suis d'accord avec toi, dit la chasseuse à la gauche de Matreia. D'autant plus qu'ils ont ravagé nos plantations de sucre il n'y a pas si longtemps.

– Ils sont trop audacieux, ajouta une autre. Ils doivent être punis.

Soraya leva la main pour les calmer.

– Sans doute doivent-ils recevoir un châtiment pour avoir osé détruire nos plantations, admit-elle. Ils sont grossiers et vulgaires, et peuvent se montrer dangereux. Je le sais aussi bien que vous. Mais nous devons également prendre garde à ne pas les faire disparaître. Les slavons subsistent sur la Boétie et, tant que les ménestrels refuseront de les transporter d'un endroit à un autre, ils y resteront. C'est nous qui avons été choisies par Cali la déesse pour diriger le monde et les quatre îles. Si elle a créé les slavons, nous n'avons pas le droit de les supprimer ou de les affamer au point qu'ils meurent les uns après les autres.

– Pourquoi refusent-ils de se soumettre ? reprit Matreia. Pourquoi ne veulent-ils pas croire les paroles de la Chanson Bleue ? C'est eux qui n'obéissent pas aux volontés de Cali la déesse. Ils préfèrent écouter les mensonges de Kasper le Malin. Alors, quel droit ont-ils de vivre sur nos îles ? Quel droit ont-ils de voler notre gibier ?

– Et ce jeune slavon qui s'est enfui et qui a mis le feu à la maison de la reine ? ajouta une autre chasseuse. Il paraît qu'il n'a pas été dévoré par les requins, finalement. C'est à cause de lui que Bonne Mère est morte. Il faut les punir, lui et ses semblables, et leur montrer qui sont les maîtres des quatre îles.

Soraya braqua son regard sur celle qui venait de s'exprimer.

– Qui t'a dit que Stone avait survécu ? Je l'ai vu de mes yeux emmené vers le fond par un squale qui le serrait entre ses mâchoires.

La chasseuse se tourna vers Matreia, comme pour lui demander son aide.

– Un ménestrel l'a sauvé, finit-elle par déclarer. Du moins, c'est ce que j'ai entendu.

– Qui répand cette nouvelle ?

Soraya s'était levée.

– C'est la nymphe Karina, répondit la chasseuse. Le ménestrel lui a expliqué ce qui s'est passé ce jour-là.

Elle n'a pas pu s'empêcher de le répéter à son amie. J'ai surpris leur conversation. C'était juste après la cérémonie d'onction. Si tu souhaites en apprendre davantage, Calisoraya, tu devrais le lui demander. Je t'ai dit tout ce que je savais.

La reine s'était déjà éloignée en direction de la maison des jeunes filles. Elle y pénétra et chercha aussitôt Karina. La nymphe avait refusé de lui expliquer ce que le ménestrel lui rapportait. Sur le moment, Soraya avait cru comprendre qu'il était question d'un mort. Et voici qu'elle venait d'obtenir la confirmation qu'il s'agissait de Stone ! Elle se rappela les dernières paroles de Calidora, affirmant qu'un caillou ne pouvait pas mourir. Si Stone était vivant, il fallait le retrouver. Il était de plus en plus sûr que son sort était lié à celui de la communauté des chasseuses, d'une manière que Soraya n'était pas encore parvenue à comprendre.

– Où es-tu, Karina ? demanda la reine en essayant de l'apercevoir dans la pénombre qui régnait dans la longue hutte.

Les nymphes se figèrent en entendant le ton de Soraya. Elles échangèrent des regards intrigués. Soraya comprit que Karina n'était pas présente.

– Alors ? reprit la reine. Où est-elle ? L'une d'entre vous sait-elle où elle se trouve ?

Rana hésita avant de s'avancer d'un pas vers la reine. Il fallait qu'elle avertisse Calisoraya de la disparition de son amie.

– Rana ? fit la reine en la voyant approcher. Parle ! C'est à toi que Karina a parlé de Stone, n'est-ce pas ? T'a-t-elle dit ce qu'elle comptait faire ?

– Euh… Non, Bonne Mère, dit la jeune fille, émue et intimidée. Elle voulait…

– Eh bien ! Continue. Où est Karina ?

Un silence pesant s'installa dans la demeure. Aucune jeune fille n'osait plus porter son regard vers la reine, de crainte de subir son courroux.

– Où est Karina ? répéta celle-ci en saisissant le bras de Rana avec vigueur.

– Je suis ici, Soraya, répondit alors une voix sur le seuil de la hutte. Tu souhaitais me parler ?

La reine et les nymphes se tournèrent ensemble dans cette direction.

Karina se tenait dans la lumière venant du dehors et le soleil faisait danser des reflets dans les cheveux étalés sur ses épaules.

– Où étais-tu ? demanda Soraya. Réponds !

Karina soutint le regard de la reine un long moment, avant de baisser les yeux.

– Je voulais retrouver Stone, dit-elle d'une voix éteinte.

– Tu fais bien de l'avouer, déclara la reine. Et l'as-tu trouvé, ce Stone ?

Karina releva le visage. Elle était en larmes.

– Non, finit-elle par jeter dans un souffle. Je n'ai pas trouvé Stone. Pour moi, c'est comme s'il était mort.

CHAPITRE II

Un gémissement sourd monta de la couchette aménagée contre la paroi obscure au fond de la grotte. Assis à la table, dans la lueur frémissante d'un bout de chandelle, Samuel Stone jeta un regard à la silhouette allongée sur le lit. Albert du Postillon reprenait lentement connaissance. Il avait de peu échappé à la mort par noyade après être tombé à la mer. Le radeau de fortune construit par Samuel s'était en effet disloqué. Les poumons d'Albert s'étaient gorgés d'eau, et ses mouvements frénétiques et désordonnés n'avaient rien fait pour l'empêcher de couler vers le fond.

Samuel avait assisté à la scène depuis la plage. Il avait songé à se lancer dans les flots pour venir en aide à Albert. Un sentiment confus l'en avait empêché. Il en voulait terriblement à Albert de lui avoir faussé compagnie et volé son embarcation. Cette colère avait pourtant vite été balayée, et ce n'était pas elle qui avait retenu Sam.

Il avait observé la crête d'écume du rouleau de vagues et pointé sur elles la longue-vue aux qualités si étranges. Alors, il avait vu Albert allongé sur le sable, au milieu des débris épars du radeau fracassé par la mer en furie. Aussi étrange que cela paraisse, cette lunette lui permettait de savoir ce qui allait avoir lieu. Et les images de cette scène étaient si précises et si réelles que Sam ne pouvait s'empêcher d'y croire. Il était persuadé que le flux des vagues allait ramener le naufragé vers lui.

L'avenir lui donna raison.

Au bout d'une dizaine de minutes, le grand corps dégingandé d'Albert du Postillon vint s'échouer sur le rivage, à quelques mètres de Sam. Le garçon s'avança pour tirer Albert des flots, ce qui lui demanda un effort considérable. Malgré sa maigreur, le grand échalas pesait d'un bon poids, et Samuel restait handicapé par son pied manquant. Au bout de quelques minutes, Albert fut enfin au sec. Sam se pencha sur le visage du noyé et, sans hésiter, appuya des deux mains sur sa poitrine, en y mettant de la force. De l'eau de mer jaillit de la bouche ouverte de l'homme inconscient.

Sam répéta l'opération trois ou quatre fois encore, rapidement, après quoi Albert se mit à tousser pour expulser le liquide infiltré dans ses poumons.

S'il n'était pas mort, sa vie ne tenait pourtant qu'à un fil. Sam se redressa pour s'essuyer le front. Le soleil était monté dans le ciel et dardait ses rayons sur la plage. La température grimpait très vite. L'air était déjà chaud.

Samuel s'aperçut alors de la présence de Karina à ses côtés. Il l'avait quelque peu oubliée, distrait par la mésaventure vécue par Albert et par le sort réservé à son radeau. La jeune fille lui sourit. Elle donnait l'impression d'être restée à l'observer sans rien dire, depuis de longs instants. Elle tenait la longue-vue dans les mains.

– Tu as regardé dans l'œil du milieu ? demanda Sam.

Karina haussa les épaules d'un air déçu.

– On n'y voit rien.

– Il faut la placer entre les yeux, expliqua Sam. Juste au-dessus du nez.

– Je sais. Je t'ai vu le faire tout à l'heure. Ça ne marche pas.

– Que dis-tu ?

Sam se redressa pour s'approcher d'elle. Karina lui tendit aussitôt la lunette. Le garçon n'avait pas encore l'habitude de la poser au bon endroit du premier coup et il eut soudain peur que l'appareil ait cessé de fonctionner. Quelques secondes plus tard, alors qu'il venait de fermer les yeux, lui apparaissait l'image d'Albert du Postillon, allongé sur une couchette. Ses lèvres se retroussaient en un très léger et très triste sourire, il avait le teint plus pâle qu'un fantôme, les cheveux en bataille, là, dans la pénombre d'une grotte seulement éclairée d'une chandelle à la flamme vacillante. Cette lueur se reflétait dans ses yeux, ce qui voulait dire qu'ils étaient entrouverts.

– Il ne va pas mourir, dit Sam à voix basse.

– Comment ?

Il sentit Karina lui prendre le bras.

– Albert ne mourra pas, reprit-il en écartant la longue-vue de son front. En tout cas, pas tout de suite. Il va survivre. Je viens de le voir, à l'abri dans son terrier.

– Tu as vu quelque chose ? demanda Karina, étonnée.

– Regarde toi-même, proposa Sam. Ferme les yeux et laisse-moi t'aider à trouver le bon endroit.

La jeune fille obtempéra. L'œilleton de la lunette se posa entre ses yeux aux paupières baissées.

– Alors ? questionna Samuel. Une image est apparue ?

– Non, dit Karina. C'est noir.

– Noir ? Patiente un peu, cela va arriver...

Sam déplaça délicatement la longue-vue. Sans doute n'existait-il qu'un point très précis pour la faire fonctionner, l'exact milieu du crâne, à hauteur de la racine du nez. Il avait eu la chance de tomber dessus la première fois, par un heureux coup du sort. Il suffisait d'être patient pour le découvrir également chez Karina.

La jeune fille rouvrit les yeux et son regard plongea dans celui de Sam. Le garçon sentit un frisson lui parcourir la nuque et le dos. Il avala sa salive. Ses doigts touchaient les cheveux de Karina, étalés dans sa nuque. Voilà longtemps qu'il n'avait pas éprouvé de sensation aussi douce.

Albert du Postillon fut soudain agité par une quinte de toux qui lui fit à nouveau cracher de l'eau. Karina s'éloigna légèrement de Samuel.

– Ça ne marche pas, répéta-t-elle dépitée. Je ne vois rien.

– Avec moi, ça fonctionne, riposta Sam. Je ne comprends pas...

Il dirigea la longue-vue sur la jeune fille. Un bref instant, il ne discerna qu'un voile rouge, causé par l'éclat du soleil qui inondait à présent la plage et qui passait à travers ses paupières closes. Puis la silhouette de Karina apparut, sans que le doute soit permis. Sam frémit, malgré la chaleur ambiante, avant même de comprendre la signification de ce qu'il découvrait.

D'un geste brusque, il écarta la longue-vue de son front.

– Alors ? demanda Karina. Tu as vu quelque chose ?

– Euh, oui…, bredouilla Sam. Plus ou moins.

– Quoi donc ? Tu braquais l'œil du milieu sur moi, n'est-ce pas ? Raconte.

Sam contempla la jeune fille avec appréhension. Karina attendait qu'il lui fasse part de ce qu'il avait découvert. Elle eut un sourire.

– Allez, Stone. Dis-moi, je t'en prie. Tu m'as vue ? Qu'est-ce qu'il se passait ?

Sam hésita encore un moment avant de replacer l'œilleton à la racine de son nez. Il espérait s'être trompé. Après tout, la vision n'était pas si précise…

Lorsque l'image se ralluma dans le noir, il dut admettre qu'il avait bien vu. La scène était sans équivoque.

Karina se tenait devant lui dans une attitude très menaçante. Elle pointait sur lui l'extrémité d'une pique, comme si elle avait l'intention de lui transpercer la poitrine. Ce n'était malheureusement pas le plus terrible…

Non, ce qu'il y avait de pire encore, c'était que Sam avait l'impression d'observer Karina à travers les barreaux d'une cage, rappelant celle où il avait déjà été enfermé. Cela ne pouvait signifier qu'une chose : c'était lui qui se trouvait prisonnier. Et Karina, au lieu de l'aider à se libérer, le menaçait de sa lance…

Sam eut un mouvement de recul, comme si cette pointe pouvait l'atteindre et le blesser. Il rouvrit les yeux, cligna des paupières dans la lumière du soleil. Karina se tenait toujours devant lui, l'air de plus en plus intrigué.

Sam sentit ses bras se hérisser de chair de poule. Il jeta un regard aux environs. La plage était toujours déserte, excepté Karina et ce pauvre Albert dont la poitrine était régulièrement agitée de soubresauts.

Personne n'était apparu à la lisière des arbres. Pas de rombières décidées à le capturer pour le mettre en cage. Et pourtant… Jusqu'ici, l'œil du milieu n'avait pas menti. Ce qu'il avait prédit s'était réalisé.

Sam baissa les yeux, chercha rapidement l'étui de la longue-vue, la replia d'un coup sec et referma le boîtier après l'y avoir rangée.

– Stone ! s'écria Karina. Que t'arrive-t-il ?

– Va-t'en, dit Sam sans oser croiser son regard. Laisse-moi.

– Pourquoi ?

– Je ne peux pas t'expliquer. Il ne faut pas que nous restions ensemble.

– Nous allons partir, toi et moi ! s'exclama la jeune fille. Dès que nous aurons trouvé un moyen. Nous allons quitter ces îles. Je suis sûre qu'il existe d'autres terres, avec d'autres gens. Je veux y aller avec toi. Ne m'abandonne pas.

– Non, non, marmonna Sam. Ce n'est plus possible. Tu dois me laisser.

– C'est ce que tu as vu dans cet appareil ! C'est à cause de cela que tu ne veux plus qu'on parte ensemble. Il faut que tu me dises ce que tu as découvert. Stone !

Sam s'éloignait de Karina, alors que, dans son esprit, repassait l'image de la jeune fille brandissant sa pique au travers des barreaux d'une cage dont il était prisonnier ! Il devait se mettre à l'abri, et trouver un moyen de quitter l'île ! Il ne pouvait pas prendre le risque d'être emprisonné au fond d'une cage, comme une bête sauvage.

– Stone ! reprit Karina. Je t'en supplie, ne me laisse pas. J'ai quitté le village, et je ne peux plus y retourner. J'ai gravement désobéi. J'ai menti à la reine.

– Va-t'en, dit Sam avec un geste du bras.

D'une démarche mal assurée en l'absence de son pied factice, laissé dans la tanière d'Albert du Postillon, Samuel prit le chemin de la forêt, avec l'espoir d'y trouver refuge. Karina fit mine de le suivre.

Une fois encore, la terrible scène passa dans l'esprit de Sam. Il se retourna avec colère.

– Va-t'en ! répéta-t-il avec véhémence. Je ne veux plus te voir. Jamais. Si tu me suis, je dirai aux slavons de t'attraper. Tu m'entends ? Retourne chez les rombières.

– Stone…

Karina se figea, à quelques mètres de la lisière des palmiers. Elle vit Sam se glisser entre les premiers buissons d'épineux et disparaître dans leur ombre. Ce n'était pas vrai… Stone lui jouait un mauvais tour. Il allait rebrousser chemin. Il le fallait. Karina en était certaine…

Samuel avait disparu dans les fourrés.

Elle ne détourna les yeux que lorsqu'elle eut compris qu'il était sérieux et qu'il ne reviendrait pas la chercher.

CHAPITRE III

Le dos appuyé à la paroi de terre lisse de la grotte, Samuel s'était endormi. La tête baissée, le menton sur la poitrine, les bras croisés, le garçon tressaillait de temps à autre, comme perdu dans un mauvais rêve. Un bruit lui fit soudain ouvrir les yeux. Il lui fallut quelques instants avant de reprendre ses esprits et comprendre où il se trouvait. Penché sur lui, un visage long et grave le contemplait, dans la faible lueur émise par la chandelle presque entièrement consumée sur la table.

– Mon bon monsieur Stone ! s'écria Albert en arborant un large sourire. Quelle joie de vous revoir sain et sauf. Quel bonheur de retrouver mon meilleur ami sur cette terre.

Sam se frotta les yeux, puis s'étira en bâillant.

– Vous êtes réveillé depuis longtemps, Albert ?

– Un petit moment. J'ai fait silence pour ne pas vous déranger.

Le dos courbé, Albert se frottait les mains et lui rendait son regard avec un air de parfaite bonhomie. Comme si ce qui s'était passé au lever du jour ne le troublait pas le moins du monde.

– Et vous vous sentez bien ? demanda le garçon.

– Aussi frais qu'une rose.

Albert aspira à pleins poumons, ce qui fit saillir sa maigre poitrine sous son habit déchiré.

– Étonnant, reprit Sam. Après ce qui vous est arrivé.

– C'est grâce à vous, monsieur Stone, dit Albert en s'approchant pour lui tendre la main. Sans votre intervention, je ne serais plus pour l'heure qu'une outre gonflée d'eau de mer. J'en ai parfaitement conscience, mon très cher ami. Je vous suis redevable de ma vie et je tiens à ce que vous sachiez que, jusqu'à mon dernier souffle, je ferai en sorte de payer la dette qui me lie à vous.

Sam sentait ses doigts écrasés par la poigne d'Albert.

– C'est bon, dit le garçon. Je n'ai pas fait grand-chose.

– Ne dévaluez pas votre mérite. Ma mort était

inscrite à l'ordre du jour, monsieur Stone. Et vous avez réussi à faire dévier la trajectoire de mon destin.

– N'exagérez pas, Albert.

Le grand échalas se redressa autant que le lui permettait le plafond bas de son terrier.

– J'ai été pris dans la tourmente, à la minute même où j'ai décidé de vous faciliter le travail, ce matin, à l'aurore. Et je n'en suis sorti que grâce à votre courage et votre bonté.

Sam dressa les sourcils.

– Me faciliter le travail ? Expliquez-moi donc ça.

– Dès que j'ai ouvert l'œil, je me suis lancé à la tâche, malgré la nuit des plus agitées que je venais de passer. Je me suis précipité à l'endroit où vous aviez dissimulé les planches de votre radeau et j'ai entrepris de les assembler, pour vous épargner cette besogne difficile et fatigante.

– Tiens ? Vous vouliez m'aider ? Première nouvelle…

– Je ne sais quel démon avait décidé de se jouer de moi, poursuivit Albert sans tenir compte de cette interruption. Une vague plus forte que les autres monta jusqu'au radeau, le souleva d'un seul coup et, en reculant, nous entraîna vers la mer, sans que je puisse retenir l'embarcation. En quelques minutes, malgré mes efforts, je me retrouvai à plus d'une lieue du rivage. Je m'escrimais en vain à tenter de ramener le radeau vers l'île. Mais le courant se montrait plus fort que moi et m'emportait vers le large. C'est alors que je vous ai aperçu, débouchant sur la plage.

Samuel scrutait l'expression d'Albert.

– Vous êtes un fameux comédien, dit le garçon. Encore un peu, et j'y croirais.

Albert ouvrit de grands yeux. Il allait riposter quand une chose attira son attention.

– Ne sentez-vous rien, monsieur Stone ? demanda-t-il en lui prenant le bras.

Sam renifla à deux ou trois reprises. En effet, une légère odeur de fumée s'était mise à flotter dans l'atmosphère de la tanière.

– La chandelle, peut-être, dit Sam. Elle est presque morte.

Albert se dirigea vers l'entrée de la grotte et se posta face au couloir, d'où partait le réseau souterrain qui permettait de rejoindre la surface.

– Cela provient de ce côté, dit-il. C'est inquiétant.

Quelques instants plus tard, il n'y avait plus de doute possible. Une fumée grise envahissait le passage. Sam s'empara du coffret contenant l'œil du milieu.

– Sortons. Nous risquons d'être étouffés si nous demeurons ici.

Il avait replacé le pied de bois au bout de sa jambe mutilée et se déplaçait donc avec moins de difficulté. Il s'engagea dans le boyau qui s'élargissait progressivement, à mesure qu'il était rejoint par de nouveaux passages donnant accès aux autres tanières habitées par les slavons.

Très vite, une silhouette se présenta devant lui, l'obligeant à s'arrêter. Malgré la faible luminosité, Sam reconnut Santo. Il paraissait très inquiet.

– Pas par là ! lança-t-il de son habituel ton bourru. Elles sont en embuscade pour nous coincer.

– Qui donc ? demanda Albert qui avait suivi Samuel.

– Ces satanées rombières ! C'est elles qui nous enfument. Elles ont jeté des torches d'étoupe enflammées dans les trous d'aération.

Santo repoussa Samuel pour dégager le passage.

– Que cherchent-elles ? voulut savoir Albert.

– À nous tuer tous autant que nous sommes, Malabar !

Santo s'éloigna à pas pressés et disparut très vite au premier coude formé par le passage. Sam fut pris d'une quinte de toux. La fumée était à présent si épaisse que la respiration devenait difficile.

On entendait résonner les voix des autres occupants du réseau souterrain, échangeant des paroles et des cris. Tous craignaient d'être asphyxiés par ces émanations, mais ils redoutaient plus encore le sort que leur réservaient les chasseuses. Celles-ci guettaient les endroits où débouchaient les galeries, dans le but de capturer ceux qui allaient émerger des profondeurs de la terre.

– Je pense que nous aurions avantage à suivre ce cher Santo, déclara Albert en se mettant en marche. Venez, monsieur Stone, ne perdons pas de temps.

– Il existe d'autres sorties de ce côté ? s'enquit Sam.

– Les passages menant vers la surface sont si nombreux que nul d'entre nous ne les connaît tous. D'autant plus que chaque slavon se réserve pour lui seul l'usage de certains d'entre eux.

– Comment cela ? Je ne saisis pas.

Cette fois, Albert prit la peine de se tourner vers le garçon.

– Il est difficile de savoir à qui l'on peut faire confiance, dit-il d'un ton plus grave.

Sam réfléchit un moment, tout en marchant derrière Albert. Les slavons avaient des habitudes si étranges !

– Le voilà ! cria quelqu'un au fond du passage que suivaient Sam et Albert.

Des exclamations lui répondirent. Le slavon s'avança rapidement, l'air décidé. Samuel le reconnut. C'était lui qui, avec Santo, avait aidé à transporter le garçon blessé, échoué sur la plage de la Boétie.

– Reste où tu es ! dit-il en montrant Sam du doigt.

– Que se passe-t-il, Costa ? demanda Albert.

– Écarte-toi, Malabar.

Costa fit un mouvement du bras pour repousser Albert. Celui-ci, d'un geste d'une étonnante vivacité, s'empara du poignet du slavon. On entendait les autres qui se rapprochaient. La fumée poursuivait sa lente progression dans le réseau. Dans peu de temps, l'atmosphère serait irrespirable.

– Lâche-moi ! s'écria Costa. Ou plutôt aide-moi à le faire sortir au plus vite. Il est la cause de tous nos malheurs.

– De qui parles-tu ? demanda Albert sans desserrer son étreinte. De mon cher ami Stone ?

– C'est lui qu'elles cherchent ! Je suis certain que dès qu'elles l'auront pris, elles s'en iront et nous retrouverons la paix.

Costa eut un sursaut pour forcer Albert à libérer son poignet. Les slavons arrivaient. Ils paraissaient tout autant que Costa décidés à livrer Sam aux rombières. Le garçon comprit qu'il devait fuir.

– Tu es bien sûr que c'est lui qu'elles réclament ? reprit Albert d'un air surpris. Samuel Stone n'a commis aucun mal, je peux m'en porter garant.

– Tais-toi donc et laisse-moi m'en emparer. Tu n'es qu'un idiot, Malabar !

Costa attira l'attention des slavons dispersés dans les galeries voisines.

– Par ici, vous autres ! Je l'ai trouvé !

Sam ne disposait que de quelques instants pour trouver une issue. Il leva les yeux vers Albert et discerna dans son regard une lueur de complicité.

Costa avait finalement réussi à se dégager. Il s'élança aussitôt pour retenir Sam.

– Laisse-moi donc t'aider, mon cher Costa, déclara Albert en écartant les bras si largement que son coude vint frapper la poitrine du slavon. Si c'est monsieur Stone que réclament les rombières, nous allons le leur livrer.

Le choc avait coupé le souffle de Costa. Il aspira à pleins poumons et se tint un moment le ventre, avant de plonger à nouveau dans l'espace libre pour attraper Sam. C'est alors qu'Albert, par une manœuvre des plus singulières, leva un genou et pivota sur lui-même. Sa jambe alla heurter la cuisse de Costa. Celui-ci émit un gémissement de douleur et s'affala sur le sol de terre grasse.

– Oh, oh ! s'exclama Albert. Je suis navré. Ces passages sont tellement étroits.

Il se tourna vers Sam. Le garçon crut voir Albert lui indiquer une direction de la main, si négligemment qu'on aurait pu prendre cela pour un geste sans signification. Il se pencha ensuite sur Costa pour lui venir en aide, ce qui ne fit qu'ajouter à la confusion. Costa se retrouva la tête dans la terre boueuse et se mit à cracher.

– Que se passe-t-il ? demanda une voix qui approchait. Vous l'avez attrapé, le gamin ?

C'était Santo. Derrière lui s'étaient regroupés une dizaine de slavons, l'air menaçant.

– Ce serait fait si cet imbécile ne s'en était pas mêlé ! s'écria Costa.

– Je t'assure que j'ai fait de mon mieux, déclara Albert, d'un air vexé.

Samuel avait découvert un passage s'ouvrant au pied de la paroi. C'était l'issue qu'Albert lui avait montrée. Le garçon s'y glissa, tête rentrée dans les épaules, et avança aussi vite que possible. Derrière lui, des éclats de voix continuaient de se faire entendre.

– Écarte-toi donc du chemin, Malabar ! s'énerva Santo. Tu nous gênes.

– Je tiens à vous aider à la mesure de mes faibles moyens, rétorqua Albert.

– Aïe ! Quel maladroit ! cria soudain un troisième.

Sam emprunta un nouveau passage qui partait sur la gauche et semblait s'élever vers la surface. Il ne perçut rapidement plus aucun bruit, excepté celui de sa respiration. La fumée n'avait pas eu le temps de se répandre de ce côté et il était donc plus facile d'y trouver un peu d'air.

Malheureusement, cette galerie devait sans doute servir à l'aération et non pas au passage des slavons, car elle se rétrécissait au fil de la progression de Samuel. Il fut obligé de se mettre à quatre pattes pour continuer à avancer. Ses épaules frottaient les parois de part et d'autre. Il avait coincé l'étui de la longue-vue dans la ceinture de son pantalon, et il savait qu'il s'y trouvait toujours à cause du froid qui en émanait et qui se répandait sur sa peau.

Il aurait pu s'arrêter un moment et se servir de l'œil du milieu pour savoir ce qui allait se passer. Mais il était impossible de le diriger vers soi, puisque l'engin devait à tout prix se placer sur le front, à la racine du nez. Lorsqu'on se trouvait seul, la longue-vue devenait inutile, car Sam s'était rendu compte qu'elle ne fonctionnait qu'en étant braquée sur une personne. Il avait également découvert que l'image qui se formait dans son esprit perdait vite de sa netteté, comme si on éteignait l'une après l'autre les chandelles qui éclairaient la scène. Au bout de deux ou trois tentatives, l'image se fondait dans l'obscurité. À croire que l'œil du milieu rechignait à présenter la même image, encore et encore.

La progression de Sam devint encore plus difficile, car le boyau n'avait pas cessé de rétrécir. L'issue n'était sans doute plus très lointaine. Une lueur annonciatrice de l'air libre était apparue et la pente s'était faite plus forte. Dans quelques minutes, Sam retrouverait la surface, il en était sûr.

Percevant un bruit au-dessus de lui, il leva la tête. L'ouverture du conduit d'aération se trouvait là, à deux ou trois mètres. Sam se prépara à escalader la dernière portion de boyau. Puis se figea.

– Il y a encore un de ces trous ici, Calisoraya, fit une voix toute proche.

– Prends cette dernière torche, Matreia, répondit une seconde voix. Jette-la au fond, nous verrons bien si cela les oblige enfin à sortir de leurs maudites tanières.

Sam vit les flammes qui luisaient d'un éclat aveuglant, dans l'ouverture. Et ce feu tomba dans sa direction, avant qu'il ait eu le temps de se protéger. Il sentit une chaleur si intense sur la peau de son visage qu'il poussa un hurlement, en se débattant avec frénésie pour essayer de repousser la torche. L'étroitesse du conduit gênait ses mouvements. Ses cheveux se mirent à crépiter en brûlant.

Samuel voulut se jeter vers le fond du conduit, en espérant s'écarter ainsi du flambeau. Son pied de bois s'était malencontreusement fiché dans la paroi terreuse. Il risquait de se briser la jambe s'il forçait ce mouvement.

Ses doigts rencontrèrent un objet et s'y agrippèrent, sans qu'il s'en rende vraiment compte. Et, au même instant, Sam se sentit soulevé vers l'ouverture du conduit. Il comprit qu'il venait d'attraper une corde lancée du haut du trou. Ses épaules raclèrent la paroi en arrachant des mottes de terre meuble. Il ne savait pas ce qu'était devenu le flambeau. Il empoignait la corde de toute sa force.

Lorsqu'il déboucha enfin à l'air libre, ce fut pour s'apercevoir que ce qu'il craignait était arrivé. Quatre chasseuses l'entouraient et pointaient sur lui les flèches de leur arc bandé, prêtes à tirer au moindre geste s'il faisait mine de s'échapper.

CHAPITRE IV

La nuit allait tomber sur la clairière. Aucune des chasseuses réunies en conseil n'avait l'air de s'en apercevoir. Depuis la destruction de la Maison royale, les délibérations avaient lieu au-dehors. Un vol d'oiseaux verts passa dans le ciel au-dessus des arbres. Les plumards poussèrent de longs cris perçants en survolant le feu qu'on venait d'allumer, des cris qui sonnèrent comme des rires moqueurs aux oreilles des chasseuses en plein désarroi.

Soraya, la nouvelle reine, reprit une fois de plus l'étui contenant la longue-vue. Elle s'empara de l'objet et le porta à son œil droit, en le dirigeant vers les premiers palmiers, qui commençaient à se fondre dans le crépuscule.

– Non, soupira-t-elle, déçue. Toujours rien. S'il s'agit bien là de l'œil du milieu, il a dû subir un choc qui l'a rendu inutilisable.

– C'est ce slavon qui l'a cassé ! s'écria, avec autant de fougue que d'ordinaire, Matreia, la chasseuse à la peau cuivrée. J'en suis persuadée. Punissons-le pour ce sacrilège.

– Il faut qu'il explique ce qui s'est passé ! déclara Loula, la plus petite des chasseuses.

– Il refuse de répondre à nos questions, tu le sais bien, dit la reine.

Tapie dans l'ombre d'une hutte, la jeune Karina épiait les conversations. Les autres nymphes s'étaient endormies. La perte des réserves occasionnée par l'incendie obligeait les jeunes filles à un surcroît de travail très fatigant. Dès la fin de la journée, fourbues, elles allaient s'étendre dans leur grande hutte et sombraient dans le sommeil, recroquevillées les unes contre les autres.

Même Rana, la meilleure amie de Karina, ne l'accompagnait plus dans ses allées et venues. Karina avait choisi de s'enfuir pour rejoindre Stone, et depuis lors les autres nymphes refusaient de partager les occupations de la jeune fille et la traitaient comme si elle avait trahi les siennes, ce qui était d'ailleurs un peu le cas.

Karina ne montrait pas le moindre signe d'affliction, bien au contraire. Les jeux et les préoccupations des autres nymphes ne la concernaient plus vraiment. C'est pourquoi elle se tenait là, dans l'obscurité qui envahissait peu à peu la clairière, à proximité des chasseuses rassemblées en conseil, de façon à ne rien perdre des délibérations. Comme tout avait changé depuis la nuit, pourtant pas si lointaine, où elle s'était glissée sous la Maison royale pour connaître le sort réservé à Stone !

Elle tourna lentement la tête et, dans la lueur dansante des flammes du grand feu, distingua les barreaux de la cage installée à quelques mètres. Cette cage paraissait vide. Mais Karina savait qu'elle renfermait un prisonnier. Et pas n'importe lequel…

Depuis que les chasseuses étaient revenues de leur incursion sur l'île de la Boétie, le matin même, Karina ne s'était pas approchée de la cage où elles avaient jeté leur proie. Malgré l'envie qui la dévorait, elle s'était tenue à distance et n'avait pas croisé le regard de celui qui venait d'être ramené de force sur Altiplano. Elle savait qui les chasseuses étaient allées chercher, et savait aussi qu'elles avaient mené leur tâche à bien puisque Calisoraya était à présent en possession de l'étui contenant l'œil du milieu, qu'elle tenait fermement dans la main pour ne pas risquer de le perdre en chemin.

La reine s'était vite rendu compte que la longue-vue, même dépliée, semblait avoir subi des dommages irrémédiables. Elle l'avait braquée sur les huttes, sur les palmiers, sur les plumards qui échangeaient des cris aigus, perchés sur les plus hautes branches, sur les chasseuses qui l'entouraient en l'observant avec recueillement, conscientes de la gravité de la situation. Mais en vain...

Karina avait elle aussi suivi la scène, sans desserrer les lèvres.

– La Chanson Bleue ne peut pas mentir ! déclara soudain une chasseuse.

– C'est vrai, renchérit une autre. « L'œil du milieu, tu l'apprivoiseras », ajouta-t-elle en psalmodiant ces mots comme elles avaient l'habitude de le faire. « Quand le caillou sera sorti des eaux, prends-en bonne garde car, grâce à lui, le sort tu connaîtras. »

Soraya hocha lentement la tête, l'air pensif, à l'écoute des paroles qu'elle connaissait si bien.

– Et qui nous dit que ce n'est pas la nymphe qui a menti ? reprit Matreia de son ton vindicatif. C'est elle qui a prétendu qu'il s'agissait de l'œil du milieu. Ce ne serait pas la première fois qu'on la prendrait en flagrant délit de mensonge.

– J'ai dit la vérité ! lança Karina en se redressant.

Les chasseuses se tournèrent vers elle en plissant les paupières pour l'apercevoir dans la pénombre.

– Approche, Karina, dit la reine avec un geste de la main.

La nymphe fit quelques pas hésitants. D'être ainsi appelée au milieu du cercle des chasseuses, elle éprouvait une timidité qu'elle n'avait pas ressentie depuis longtemps.

– Je n'ai pas menti, dit-elle avec autant de conviction que possible. Cet objet, c'est l'œil du milieu.

– Pourquoi ne fonctionne-t-il pas, dans ce cas ? interrogea Matreia.

– Il fonctionne, répondit simplement la jeune fille.

– Eh bien, montre-nous de quelle manière, proposa la reine en lui présentant la longue-vue.

La nymphe remua la tête.

– Non. Ça ne marche pas avec moi. J'ai déjà essayé. Stone…

Elle s'interrompit un instant, surprise d'avoir employé ce nom alors qu'elle s'était juré de ne plus jamais le prononcer.

– Eh bien ? fit la reine. Qu'en est-il de Stone ? Continue.

– Il m'a montré comment faire, reprit Karina d'une voix plus basse.

– Ce n'est pas possible ! s'exclama Loula. Comment un vulgaire slavon en saurait-il davantage que nous sur l'œil du milieu ? C'est une supercherie, un point, c'est tout. Il a voulu nous tromper pour se payer nos têtes.

– Vous n'avez qu'à le lui demander, répliqua Karina. Puisqu'il est votre prisonnier. Obligez-le à vous expliquer la marche à suivre.

Tout le monde avait perçu l'ironie que la nymphe avait placée dans ses paroles.

– Karina, dit la reine. Veux-tu prendre place parmi nous et devenir la douzième chasseuse ?

– Quoi ? fit la jeune fille. Qu'est-ce que…

Le silence tomba sur la clairière. La stupéfaction était générale. Matreia échangea un regard avec Loula, sa voisine, fronçant les sourcils pour montrer sa désapprobation. Elle n'osa toutefois pas émettre de critique, car la reine était seule juge en la matière.

– Les chasseuses doivent rester au nombre de douze, poursuivit Soraya au bout d'un temps qui parut interminable à Karina. En mon pouvoir de nouvelle reine, je t'invite à venir rejoindre tes sœurs et à quitter ta qualité de nymphe.

Karina avala la boule qui venait de se former dans sa gorge.

– C'est un grand honneur, ma reine.

– C'est bel et bien, approuva la reine. Mais auparavant…

Karina croisa le regard de Soraya.

– Tu sais qu'il te faudra subir une épreuve…

– Quelle sera cette épreuve ? demanda la jeune fille.

Chaque nymphe devait en effet démontrer qu'elle était digne de faire partie du cercle des chasseuses en menant à bien une mission, et aucune de ces missions n'était pareille aux autres. La reine, connaissant ses sujets, choisissait avec soin l'épreuve réservée à chacune des nymphes et les obligeait donc à se dépasser, mentalement et physiquement.

Soraya se leva pour s'avancer vers Karina. Celle-ci la fixait avec appréhension.

La reine tendit les deux bras. Dans une main, elle tenait l'étui contenant la longue-vue et, dans l'autre, une longue pique taillée en pointe.

– Prends ceci, Karina, dit Soraya. Voici quel sera ton devoir si tu veux devenir chasseuse : forcer Stone à nous révéler le fonctionnement de l'œil du milieu. Et le tuer de la pointe de cette lance s'il refuse de t'obéir.

CHAPITRE V

Du fond de la cage où il était enfermé, Samuel Stone avait assisté à la scène qui venait d'avoir lieu entre les chasseuses et la jeune nymphe. Il était trop loin pour comprendre ce qui avait été décidé, mais il sentait Karina placée face à un choix. Elle s'était éloignée du cercle des rombières pour aller s'asseoir et réfléchir à la décision qu'elle allait prendre.

Au bout de quelques minutes, Sam la vit se lever et venir vers lui, une lance à la main.

Elle passa dans la lueur du brasier et il put enfin distinguer ses traits. Son expression était difficile à interpréter. Elle pinçait les lèvres et son regard flottait dans le vague, comme si elle était toujours plongée dans ses pensées.

Elle s'arrêta à moins d'un mètre des solides barreaux. Sam sentit un frisson naître dans son dos, malgré la douceur du soir, lorsqu'elle pointa sa pique vers lui. L'œil du milieu n'avait pas menti ! Karina le menaçait de sa lance, et rien n'avait pu empêcher cela. Leur séparation, la fuite de Sam, le départ de Karina. Ce que lui avait montré la longue-vue était bien survenu.

– Je ne te veux pas de mal, Stone, déclara la jeune fille d'une voix blanche. Il va falloir que tu nous expliques le fonctionnement de l'œil du milieu. Je suis obligée de te le demander. C'est l'épreuve que la reine vient de me confier et qui va me permettre de prendre place parmi les chasseuses. Tu comprends ?

Samuel l'écoutait sans bouger. Il ne répondit pas à la question. Il sentait que les rombières suivaient la scène avec beaucoup d'attention, guettant l'attitude de Karina et sa propre réaction.

– Alors ? interrogea la jeune fille.

– Tu sais déjà comment on se sert de l'œil du milieu, dit Samuel. Je n'ai rien de plus à t'apprendre. Je t'ai tout montré, sur la plage. Je n'en connais pas davantage sur la manière dont ça fonctionne.

– Oui, reprit Karina, d'une voix plus basse cette fois. Mais elles ne le savent pas. Alors, je me suis dit que tu pourrais échanger ces informations contre ta liberté.

Sam se redressa autant que le lui permettait l'exiguïté de sa prison de bois.

– Tu veux dire que…

– Je vais ouvrir ta cage et je vais t'emmener jusqu'au conseil, chuchota Karina. Après quoi, ce sera à toi d'agir. Ne t'inquiète pas si tu sens ma pique dans ton dos. Ce sera comme si je te tenais en respect. Tu es d'accord ?

Sam se contenta de hocher la tête pour acquiescer.

La porte de la cage s'ouvrit et le garçon se glissa aussitôt au-dehors. Il s'étira et fit jouer ses épaules pour en chasser les courbatures. Il sentit alors la pointe de la lance se poser entre ses omoplates.

– Avance ! lui cria Karina d'une voix ferme. Et ne t'avise pas de t'enfuir, slavon ! Tu le regretterais.

Le ton de la jeune fille sonnait si faux à ses oreilles qu'il se demandait si les rombières et la reine n'allaient pas s'en rendre compte elles aussi et éventer la supercherie. Mieux valait agir au plus vite.

En marchant vers le cercle des chasseuses, Sam réalisa que l'œil du milieu l'avait trompé en lui faisant croire en une scène qui n'était pas exactement celle qui avait eu lieu. Car si Karina l'avait effectivement menacé de sa lance, c'était sans mauvaise intention à son égard. Même en ayant accès à l'avenir, on pouvait donc commettre des erreurs…

– Prends ceci, reprit Karina derrière lui, d'une voix toujours aussi fausse. Et montre-nous la manière de le faire fonctionner.

Sam s'empara de l'étui de la longue-vue. La reine s'était avancée vers eux.

– Karina, as-tu mené ta mission à bien ?

– Oui, ma reine, répondit la jeune fille. Stone accepte de nous révéler la manière de faire usage de l'œil du milieu.

– Je l'espère, reprit Soraya. Car il ne serait pas bon que tu aies choisi de trahir une fois de plus la confiance que j'ai mise en toi.

Karina sentit son cœur battre plus fort dans sa poitrine.

– C'est grâce à moi que les chasseuses disposent à présent de l'œil du milieu, répliqua-t-elle d'une voix frémissante. Grâce à moi que vous avez appris où se trouvait Stone.

– Tout cela est vrai, reconnut la reine. Sache que je ne voudrais en aucun cas devenir ton ennemie, Karina. Prouve donc à tes sœurs que tu es digne d'entrer dans leurs rangs.

Il y eut un moment de silence. Une légère brise tiède souffla sur la clairière. Sam réfléchissait pour essayer de trouver une façon de s'en sortir, sans succès. Son front était trempé de sueur. Karina se tenait juste derrière lui, si proche qu'il pouvait l'entendre respirer. Il avait très envie de se retourner pour la contempler et pour s'excuser de l'attitude qu'il avait eue envers elle, lorsqu'il s'imaginait qu'elle allait le trahir. Il se sentait coupable.

– Alors ? reprit une voix vindicative. Qu'est-ce que tu attends, slavon, pour nous montrer la marche à suivre ? Il paraît que tu connais ça mieux que personne.

C'était Matreia qui venait de parler. Elle sortit du cercle pour faire un pas vers Sam.

– Ce que j'ai découvert, déclara le garçon, c'est qu'il ne faut pas se servir de cette longue-vue comme d'une lunette ordinaire. Les lentilles qui se trouvaient à l'intérieur ont été brisées.

– Première nouvelle ! s'exclama Matreia d'un ton moqueur. Si c'est tout ce que tu as à nous apprendre, nous ferions aussi bien de te supprimer aussitôt, pour ne plus avoir à subir tes élucubrations et ta folie.

Samuel sentait fixés sur lui les regards de toutes les personnes présentes. Il croisa celui de Karina qui détourna très vite les yeux, comme si elle refusait d'entretenir le moindre rapport de connivence avec lui, ou du moins de le laisser paraître devant les chasseuses.

– Je me suis également aperçu qu'il fallait poser l'embout sur le front, reprit Sam sans réfléchir plus longuement.

Joignant le geste à la parole, il ferma les yeux et dirigea la longue-vue sur la personne la plus proche. Il découvrit aussitôt Matreia, le visage ensanglanté. Une large entaille courait sur son crâne et ses cheveux étaient poisseux du sang écarlate qui s'en écoulait. La grimace qui lui tordait les traits indiquait qu'elle souffrait beaucoup.

Samuel écarta la lunette de son front. Matreia le dévisageait, un fin sourire sur les lèvres. Le garçon examina rapidement les alentours. Se pouvait-il qu'une chasseuse agresse l'une de ses sœurs ? Pourquoi Matreia devait-elle subir un tel coup ? Sam n'avait aucune idée du moment où cet événement allait survenir. Rien n'indiquait le temps qui devait s'écouler avant que n'arrive effectivement ce qu'il venait de découvrir. L'œil du milieu possédait encore de nombreux mystères…

– Laisse-moi regarder, dit justement la rombière à la peau cuivrée en faisant un pas de plus vers Sam.

– Attention ! fit Sam.

– Attention à quoi, misérable avorton ?

– Vous allez recevoir un coup, rétorqua Samuel.

Un coup à la tête. Je ne sais pas quand. Cela va vous faire très mal.

– Est-ce que tu t'imagines vraiment que je vais me laisser berner par une ruse aussi stupide ?

Matreia s'empara de la longue-vue et imita les gestes de Sam, disposant l'œilleton de la lunette au milieu de son front et fermant les yeux. Elle avait bien observé la manœuvre du garçon. S'il pouvait distinguer une image de cette manière, elle était certaine d'en être capable également. Le tout était d'y parvenir avant Soraya et de tirer profit autant que possible de cette situation.

Sam se tourna vers Karina comme pour en obtenir de l'aide.

– Je l'ai vue, dit-il. Elle saignait beaucoup. Il faut la prévenir de ce qui va se passer.

Avant qu'il ait réussi à convaincre qui que ce soit, une grosse pierre vola dans l'air de la clairière et, à une allure vertigineuse, alla frapper Matreia au-dessus de l'oreille. Elle laissa échapper un cri de douleur et s'affala sur le sol en lâchant la longue-vue pour se tenir le crâne des deux mains.

CHAPITRE VI

La reine Soraya fut la plus prompte à se ressaisir. Elle se précipita vers l'arc qu'elle avait disposé non loin de là, sortit prestement une flèche de son carquois de peau et se prépara à tirer, les doigts pincés sur la corde de chanvre tressé. Les autres chasseuses échangeaient des regards stupéfaits, sans autre réaction. Seule Loula se pencha sur la blessée pour se rendre compte de son état.

– Rentrez dans les huttes les plus proches ! leur cria Soraya, pointant de sa flèche la direction d'où était partie la pierre qui avait frappé Matreia. Prenez vos arcs et tenez-vous prêtes au combat. Si on nous attaque, il va falloir nous défendre.

– Matreia perd beaucoup de sang, déclara Loula d'un ton inquiet.

Elle avait écarté les cheveux de la chasseuse toujours allongée sur le sol. Son cuir chevelu était entamé sur plusieurs centimètres et du sang s'écoulait de la plaie, en saccades régulières, au rythme de son pouls. Matreia ouvrait grand la bouche pour respirer, comme si elle manquait d'air. Son teint cuivré avait pris une couleur terreuse.

– Si elle arrive encore à marcher, tâche de l'emmener dans ma hutte, dit la reine. Je vous y rejoins. Il me reste des onguents et des emplâtres de feuilles laissés par Calidora. Je m'occuperai de Matreia dès que j'aurai compris qui sont nos agresseurs et quel est leur nombre.

La clairière était redevenue tranquille. On aurait pu croire que rien n'avait eu lieu. Soraya leva soudain son arc vers le ciel, attirée par un mouvement. Elle s'aperçut qu'il s'agissait d'un vol de plumards qui changeaient d'abri pour la nuit. Ils avaient dû être dérangés dans leur sommeil, car ces volatiles ne quittaient jamais leur nid de feuilles après le coucher du soleil.

Les chasseuses s'étaient réfugiées dans les demeures, ainsi que le leur avait ordonné la reine. Armées de leurs arcs, elles observaient Calisoraya qui, de son côté, épiait le moindre mouvement aux environs de la clairière.

Un attaquant n'aurait pu quitter le couvert des arbres sans attirer son attention.

La reine songea soudain à Stone.

Elle se tourna vers l'endroit où elle l'avait vu pour la dernière fois. Le garçon ne s'y trouvait évidemment plus. Sans doute avait-il pris la fuite en profitant de la confusion générale. Quant à Karina…

Où était-elle donc passée ? Avait-elle obéi aux ordres de la reine comme les autres chasseuses ? Impossible de le savoir pour l'instant.

Les questions se pressaient en foule dans l'esprit de Soraya. Où était celui qui avait lancé cette pierre ? Se pouvait-il qu'un slavon ait eu assez d'audace pour venir attaquer les chasseuses jusque dans leur village ? Mais pour quelle raison ? S'étaient-ils mis en tête d'assiéger le village des chasseuses ? Dans ce cas, ils allaient trouver à qui parler.

Soraya s'avança prudemment vers la lisière des palmiers. Très vite, l'obscurité s'épaississait entre les troncs, si bien qu'il était impossible de discerner quoi que ce soit. Un agresseur pouvait parfaitement se dissimuler derrière un bosquet d'épineux et attendre qu'elle soit suffisamment proche pour lui lancer un nouveau projectile.

Rien ne bougea, excepté les lourdes palmes qu'agitait

une brise légère. Soraya plissa les paupières pour tenter de percer les ténèbres. Elle sentait les muscles de ses bras tendus, aussi tendus que la corde de son arc. Le bout de ses doigts pincés sur l'extrémité de la flèche commençait à lui faire mal.

Elle se redressa. La forêt était déserte. L'agresseur s'en était allé. C'était probablement lui qui avait dérangé les plumards dans leur sommeil, alors qu'il rebroussait chemin pour aller se cacher.

La jeune reine prit la direction de sa hutte. Elle adressa un signe aux chasseuses qui guettaient son retour.

– Maintenez la surveillance jusqu'à nouvel ordre, leur lança-t-elle, d'un ton bas mais ferme. Sonnez l'alarme si vous apercevez une chose anormale.

Elle pénétra dans sa demeure. La nouvelle reine habitait encore la modeste hutte qu'elle occupait depuis des années, depuis qu'elle avait abandonné la maison des nymphes.

Aujourd'hui, c'était elle qui avait choisi de distinguer une des nymphes pour lui offrir de devenir adulte. Elle se demandait si cette initiative n'était pas précipitée. Karina était-elle digne de figurer au nombre des chasseuses ? L'avenir seul le dirait.

Soraya laissa échapper un soupir. La situation sur

Altiplano était plus troublée que jamais. Et les bouleversements n'étaient sans doute pas terminés, puisque les signes avant-coureurs du grand désordre semblaient se présenter les uns après les autres, conformément à certains passages de la Chanson Bleue.

– Comment va Matreia ? demanda la reine en apercevant la chasseuse allongée sur la couchette garnie d'un matelas de plumes. Saigne-t-elle encore ? Je vais préparer un emplâtre cicatrisant.

– Elle a très mal, déclara Loula qui avait mené la blessée à l'abri. Je lui ai donné quelques feuilles de chanvre à mâcher pour atténuer la douleur.

– Tu as bien fait, acquiesça la reine en se penchant vers la couche, après s'être débarrassée de son arc et de ses flèches.

– Ne t'approche pas ! s'écria soudain une voix très grave.

La reine fronça les sourcils. Matreia ouvrit les yeux et eut aussitôt un geste du bras pour repousser Soraya. Le front de la blessée avait été nettoyé. Des mèches de cheveux humides collaient à son crâne. Un peu de salive brunâtre perlait à la commissure de ses lèvres.

– Matreia, c'est moi, la reine, insista Soraya. Tu me reconnais ?

– Non !

La blessée agita à nouveau les bras dans l'air pour l'écarter.

– Non, tu n'es pas la reine !

Loula prit le bras de Soraya.

– Elle a reçu un coup à la tête, chuchota-t-elle. Et peut-être la dose de chanvre était-elle trop puissante. Je crois qu'elle délire un peu.

– C'est toi la responsable ! reprit Matreia en se dressant cette fois sur le matelas de plumes pour se jeter sur la reine. C'est toi la cause de toutes nos misères ! Tu n'es pas notre reine, tu n'es pas reine ! Non, non, non !

Soraya se débattit pour échapper à l'étreinte de la chasseuse qui semblait décidée à l'étrangler. L'entaille à son cuir chevelu s'était rouverte et un flot de sang coula le long de sa joue.

– Il fallait tuer ce slavon ! criait-elle, telle une furie. Et punir la nymphe. Ils sont complices. Tu n'as rien compris, rien compris !

– Matreia, dit Loula en essayant de lui faire lâcher prise. Allonge-toi, Matreia, tu vas te causer du tort. Calme-toi…

Soraya parvint enfin à s'écarter.

Elle était tremblante. Jamais aucune chasseuse n'avait osé s'adresser de la sorte à la reine et moins encore l'agresser physiquement. Soraya éprouvait l'envie de la châtier sans attendre. D'un autre côté…

La reine éprouvait un grand trouble après avoir entendu les paroles proférées par la chasseuse. Matreia venait d'exprimer à voix haute ce que Soraya elle-même pensait depuis quelque temps, sans oser se l'avouer. Si elle avait proposé à Karina de devenir chasseuse, c'était parce qu'elle espérait mettre ainsi un terme définitif au danger que semblait représenter la nymphe rebelle.

Il fallait qu'elle reprenne sans tarder le contrôle et réaffirme son autorité. Sans quoi, la situation deviendrait très vite plus périlleuse encore.

Même si le prix à payer était le sacrifice d'une nymphe et d'un slavon venu d'un autre monde.

CHAPITRE VII

Des plumards réveillés dans leur sommeil nocturne déployèrent leurs ailes, avec des cris de protestation. Ils quittèrent leur nid construit dans les taillis et filèrent entre les troncs pour s'envoler vers le ciel. Ils paraissaient davantage en colère qu'effrayés par cette irruption au sein de leur territoire.

Samuel Stone les observa distraitement. Il régnait une moiteur étouffante sous le couvert des arbres, d'autant plus qu'il s'était enfoncé au cœur de la végétation la plus profonde pour y trouver refuge. Il jeta un coup d'œil inquiet derrière lui. Aucune rombière ne s'était lancée à ses trousses. L'atmosphère était si lourde qu'on eût dit que l'air ne réussissait pas à se glisser entre les grandes palmes entrelacées.

Il faisait très sombre et Sam avait du mal à s'orienter.

Sans se poser de questions, il avait profité de la confusion pour détaler aussi vite que le lui permettait son pied factice. Il prit enfin le temps de ranger l'œil du milieu qu'il avait gardé en main, puis glissa le boîtier sous sa ceinture. Finalement, le stratagème de Karina avait porté ses fruits… Même si c'était en réalité cette pierre qui lui avait permis d'échapper à la vigilance de ses gardiennes. Une pierre lancée par qui ?

Samuel avait d'abord pensé à Albert du Postillon, et s'était attendu à le voir surgir d'entre les troncs serrés pour venir à sa rencontre. Mais en vain. Albert ne s'était pas montré. Quant aux autres slavons, il ne fallait pas compter sur leur aide, puisqu'il était clair qu'ils préféraient de loin savoir Sam aux mains des rombières en échange de leur tranquillité.

Un bruissement se fit entendre à proximité. Sam se figea sur place. Plissant les paupières serrées, il essaya de distinguer s'il s'agissait d'un plumard moins impressionnable que ses congénères, resté au creux de son nid de feuilles. Le garçon tendit l'oreille. Il ouvrit la bouche pour aspirer lentement le peu d'air frais qui circulait sous l'épaisse frondaison. Un insecte bourdonna à proximité de son visage. Sam réussit à rester immobile. Devant lui, des mouvements agitaient les flaques d'ombre…

Soudain, une pierre vint frapper un buisson tout proche avant de choir sur le tapis de mousse pourrissante aux pieds de Sam.

Il se recula derrière un arbre. L'attaquant n'avait pas déguerpi comme il l'avait cru. Au contraire, il semblait décidé à poursuivre le combat. Une sorte de longue plainte monta alors dans l'air de la forêt, un gémissement qui fit frissonner Samuel. On aurait dit le hululement d'un fantôme. Sam pensa aux esprits malins dont plusieurs personnes lui avaient parlé et qui étaient censés hanter ces îles, au cours de la nuit. Mais il ne croyait plus aux spectres de ce genre depuis bien longtemps. Le seul fantôme qui dérangeait son sommeil était celui de sa mère qui, de temps à autre, revenait visiter ses rêves et qui, au réveil, le laissait amer et triste pour la matinée.

La plainte s'acheva brusquement et fut suivie d'un nouveau bruissement étouffé. Sûr d'avoir été repéré, Sam décida de changer de cachette. Il s'écarta du tronc derrière lequel il s'était abrité et fit deux ou trois pas sur la gauche, en évitant les branches hérissées d'épines qui enlaçaient le pied des palmiers. Tout à coup, il ressentit un choc violent dans la poitrine, si puissant qu'il en eut le souffle coupé. Lancé avec une précision terrible, un gros caillou pourvu d'une arête coupante venait de le frapper.

Sam fit aussitôt demi-tour et se rua à nouveau dans l'obscurité, zigzaguant entre les troncs et les buissons, formant des vœux pour ne pas trébucher sur une racine ou un autre obstacle. Il se tenait la poitrine à hauteur du cœur, les mâchoires serrées. La douleur était pénible. Il respirait avec difficulté.

Le gémissement sourd se fit à nouveau entendre, plus près cette fois, comme si le fantôme s'était rapproché. Ou bien comme s'ils étaient plusieurs à former un cercle autour de lui… Sam se força à repousser ce genre de pensée. Il ne s'agissait pas d'esprits. Quelqu'un avait décidé de s'en prendre à lui, et il devait trouver la manière d'échapper à cet agresseur. Voilà tout ce qui comptait.

La sueur lui trempait le front et coulait dans ses yeux. Samuel courait à perdre haleine. Il s'aperçut que les troncs s'espaçaient, signe qu'il allait bientôt déboucher à l'air libre. Alors qu'il contournait un taillis, il reçut une nouvelle pierre dans le dos, qui faillit lui faire perdre l'équilibre et trébucher tête la première dans les buissons.

Sam aperçut le fond de ciel plus clair entre les arbres. Il se dit qu'à découvert, il pourrait distinguer son adversaire et parer ses attaques. Il s'engagea donc dans cette direction, la poitrine en feu, une douleur cuisante entre les omoplates.

Le sinistre hululement envahit une fois encore la forêt. Les bras de Sam se couvrirent de chair de poule. Même s'il était seul, cet ennemi semblait doté d'une vitesse de mouvement et d'une précision de tir redoutables pour Samuel, déjà près de l'épuisement.

Il posa la main sur le tronc d'arbre le plus proche. Ses doigts s'accrochèrent à cette étoupe filandreuse produite par les palmiers et qui retombait vers le sol en s'effilochant. Le garçon leva les yeux vers la frondaison. Les premières palmes s'allongeaient à plusieurs mètres de hauteur.

Le gémissement se rapprochait. Sans plus hésiter, Sam agrippa le tronc et se mit à grimper. Aussi étonnant que cela puisse paraître, son pied de bois lui facilita la tâche. En effet, sa forme de courbe rentrante lui permettait d'épouser la rondeur du tronc, dont les nombreuses aspérités l'empêchaient de glisser.

Sam se retenait des deux mains aux écailles végétales. En quelques mouvements, il se hissa au niveau du premier bouquet de grandes feuilles palmées. Il reprit sa respiration. À cette hauteur, l'air circulait plus librement qu'au sol. La brise qui remuait les palmes était chaude et sèche, sans rien de rafraîchissant. Samuel attrapa la base d'une feuille épaisse et solide, à l'endroit où elle jaillissait du tronc. Il se hissa précautionneusement pour adopter une position moins inconfortable.

C'est alors qu'il entendit le hululement retentir juste au pied du tronc qu'il venait d'escalader.

Si son ennemi décidait de grimper à son tour, il allait falloir l'affronter, au milieu des palmes, sans aucun moyen de défense. Sam ne disposait que de la longue-vue, rangée dans son étui. Cet objet fragile ne pouvait lui être d'aucune utilité lors d'un combat au corps à corps.

Peut-être son poursuivant ne serait-il pas capable de grimper le long du tronc, pour une raison ou pour une autre… C'était la dernière chance pour Sam.

Mais cet espoir fut aussitôt balayé. Car le palmier se mit à vaciller. Il sentit ensuite trembler les feuilles sur lesquelles il s'était tant bien que mal installé. Signe que quelqu'un escaladait l'arbre.

Samuel leva les yeux vers le ciel pour y chercher assistance. Un semis d'étoiles scintillait partout où se posait le regard. Les cheveux agités par la brise venant de la mer, le garçon attendit, en vain. Repoussé par le vent, un voile de nuages dégagea le croissant de cristal de la lune. L'astre répandit sa faible lueur sur la forêt, creusant des coins d'ombres claires dans les ténèbres.

Le gémissement reprit, sur une note plus sourde encore. C'était presque un grondement, pareil à celui d'un fauve. Sam détourna les yeux de la voûte céleste pour observer celui qui grimpait jusqu'à lui. Ses yeux passèrent sur une grosse noix sombre, nichée au creux des palmes. Sans hésiter, il s'en empara. Le fruit pesait un bon poids. Son écorce était solide.

Les feuilles s'écartèrent au passage de l'ennemi inconnu. La face de l'agresseur apparut enfin. Sam frappa sans hésiter. La noix du palmier s'abattit sur le coin du crâne de son poursuivant.

Alors que Sam écarquillait les yeux et que sa bouche s'ouvrait en rond.

Il venait de reconnaître celui qui s'était attaché à ses pas pour l'attaquer. Cet ennemi n'était ni un spectre ni un fantôme. C'était bel et bien un homme, qui poussa un cri de surprise et de douleur avant de lâcher la feuille à laquelle il se retenait. Il perdit l'équilibre et s'abattit comme une pierre sur le sol, écrasant les buissons sous son poids.

Depuis qu'il l'avait frappé à l'aide de la noix du palmier, Sam était demeuré pétrifié.

L'homme qu'il venait d'assommer n'était autre que…

Le capitaine Morris en personne !

CHAPITRE VIII

Par comble de malchance pour le peuple des îles, la mauvaise saison commença plus tôt que prévu. La brise qui s'était mise à souffler ce soir-là en était le signe annonciateur. La température s'éleva rapidement au fil des heures. Le vent ne cessa de gonfler, de plus en plus sec à mesure qu'il prenait de la force.

Les animaux l'avaient compris, et les gaspards les premiers. Ils allèrent se nicher au plus profond des trous qu'ils avaient patiemment creusés de leurs becs et de leurs pattes griffues. En l'espace d'une seule nuit, la population de ces oiseaux trop lourds pour voler disparut dans des terriers. Blottis les uns contre les autres, ils s'y endormirent. Ils ne sortiraient de cette période d'hibernation que deux mois plus tard, amaigris et hagards, pour reprendre peu à peu leur existence normale et reconstituer leurs forces en avalant larves et baies à satiété.

Lorsqu'au petit jour, elle s'éveilla dans sa hutte, la reine Soraya comprit aussitôt que la saison sèche avait débuté avec près de deux semaines d'avance sur le calendrier habituel. Un vent chaud soulevait les tentures à l'entrée de la demeure. Du sable venu de la plage s'était déjà répandu sur le sol de planches, comme il recouvrirait bientôt toute l'île.

Soraya alla prendre des nouvelles de la garde placée en surveillance à l'entrée de la clairière. Les deux chasseuses en faction s'étaient assoupies, la tête rentrée dans les épaules. Elles se redressèrent bien vite à l'arrivée de leur reine.

– Alors ? demanda celle-ci.

– Rien à signaler, Calisoraya, répondit la plus jeune, prénommée Lusi, une femme aux longues jambes et aux cheveux courts, avec une frange qui lui arrivait aux sourcils.

– Avez-vous aperçu une trace de Stone ? s'enquit la reine.

Les deux chasseuses échangèrent un regard furtif.

– Les esprits ont grogné de manière féroce, déclara la seconde, qu'on appelait Mala. Ils rôdaient dans la forêt. Je crois qu'ils avaient décidé de s'en prendre au jeune slavon.

– Les esprits ? Cela voudrait-il dire qu'ils se sont réveillés ?

– Ils ont peut-être voulu nous débarrasser du slavon et des problèmes qu'il nous cause, reprit Lusi. Après tout, nous leur avons octroyé bon nombre d'offrandes, ces derniers mois. Ce serait juste qu'ils nous apportent leur assistance pour combattre Stone.

– Vous l'avez entendu crier ?

– Non. Sans doute a-t-il été emporté dans le royaume des ombres avant d'avoir eu le temps de se plaindre.

– Voilà qui m'étonnerait, murmura la reine comme pour elle-même. Je commence à connaître ce garçon, et il n'est pas du genre à se laisser faire sans réagir.

Mala étouffa un bâillement, en étirant les bras. Elle était plus âgée que ses sœurs, et sa joue portait la trace de l'estafilade provoquée des années plus tôt par un gaspard qu'elle s'apprêtait à tuer et qui s'était brusquement retourné pour la frapper de son bec. La cicatrice se voyait plus claire sur sa peau bronzée.

– J'ai tiré une flèche, dit-elle ensuite. J'avais cru voir une silhouette entre les troncs. Il devait s'agir d'un lamanou en balade. J'espère qu'il n'a pas été touché.

Soraya voulut en savoir plus.

– Dans quelle direction ? Cette flèche que tu as tirée ?

– À l'endroit où débouche le sentier.

La reine décida d'aller voir. Une rafale torride fit voler ses cheveux. Dérangée par le sable qui lui piquait les yeux, elle s'essuya du plat de la main avant de s'engager dans le sentier. Il ne lui fallut pas longtemps pour distinguer les taches sombres qui maculaient les feuilles d'un arbuste.

Il n'y avait pas de doute : il s'agissait de sang. Était-ce celui d'un lamanou blessé ? Ces animaux sacrés n'étaient pas farouches et s'aventuraient régulièrement sur les sentiers bordant la clairière. Les gouttes de sang avaient eu le temps de sécher, d'autant que le vent chaud n'avait cessé de souffler. Stone avait-il eu la mauvaise idée de rôder aux abords de la clairière ? Peut-être était-il fou, mais en tout cas pas idiot. Elle avait déjà pu le constater. La reine sortit de la forêt pour rejoindre les deux chasseuses.

– Pouvons-nous rentrer à présent, Calisoraya ? lui demanda Mala après avoir bâillé de nouveau ostensiblement.

– Dites à Matreia et à Karina de me retrouver ici, répondit la reine. Après quoi, vous pourrez dormir un peu. N'oubliez pas qu'il y aura du travail pour vous dès que vous aurez repris des forces.

– Oui, oui, bien sûr, fit Lusi en se frottant la nuque, là où ses cheveux étaient les plus courts.

Les deux femmes s'éloignèrent en direction des huttes. Soraya faillit céder à l'envie de les suivre et de regagner sa demeure, pour y manger une galette garnie de miel et boire une large rasade d'eau fraîche. Pour oublier quelques minutes la pénible tâche qui l'attendait.

Une bonne partie de la nuit, la reine avait tenté de trouver une issue favorable aux problèmes qui se posaient. S'il restait une chance pour que la vie sur les quatre îles reprenne un cours normal, cette chance était liée à l'attitude de la jeune Karina.

Une nouvelle rafale de vent chaud souffla sur la clairière, en soulevant une poussière sèche qui, dans peu de temps, recouvrirait tout, les toits de palmes des huttes, les calebasses laissées à découvert, les tapis, les planchers, les fruits disposés en piles, les coquillages et les pierres taillées. Soraya se demanda avec inquiétude si les réserves suffiraient à passer sans dommage la mauvaise saison. Les gaspards avaient disparu au fond de leur cachette. Et les poissons quitteraient vite les eaux trop chaudes du lagon, pour emprunter des courants plus frais. Il ne serait plus possible de les attraper à partir du rivage.

Soraya vit s'approcher la chasseuse à la peau cuivrée. Matreia portait un bandage de feuilles autour du crâne. Elle avait fini par retrouver un peu de calme, après son coup d'éclat de la veille. Elle ne semblait pas avoir dormi davantage que la reine, car sa mine était maussade. La douleur causée par sa blessure avait dû la tenir éveillée.

– Tu voulais me parler, Calisoraya ?

– Je souhaite que tu m'assistes dans la tâche que je me suis fixée. Nous attendons l'arrivée de Karina. J'ai décidé de l'interroger une dernière fois, en ta présence. Il faut qu'elle nous dise ce qui s'est passé avec Stone. Je reste convaincue qu'elle nous cache des choses.

– Et si elle refuse ? répliqua Matreia. Tu la connais. C'est une entêtée. Elle ne voudra jamais admettre que ce slavon à la tête folle l'a abusée. C'est à croire qu'il lui a jeté un sort. En réfléchissant à ce qui a eu lieu hier, j'en suis venue à penser que c'est lui qui a tout manigancé pour retrouver la liberté. Cette pierre ne m'a pas frappée par hasard.

– De quelle manière Stone aurait-il agi ? Il était sous notre surveillance.

– Il a partie liée avec Kasper le Malin, tu le sais bien !

Il est son instrument pour détruire notre peuple. Si on le laisse agir, c'est le tohou vabohou qui va se déchaîner. Souviens-toi des paroles de Calidora juste avant son départ pour le grand voyage.

La jeune reine resta songeuse.

– Tu penses que Karina subit son influence maléfique ?

– C'est évident !

– Écoutons ce qu'elle nous dira, reprit Soraya. Après quoi, s'il s'avère que tu as raison, nous partirons ensemble sur la Boétie, Karina, toi et moi.

Matreia fronça les sourcils.

– Pourquoi donc ?

– C'est à la Bouche d'Ombre que j'espère mettre un terme définitif à nos ennuis.

– À la Bouche d'Ombre ? s'étonna la chasseuse. Aurais-tu l'intention de…

– Tais-toi ! l'interrompit la reine d'un ton ferme. Nous verrons bien lorsque nous l'aurons interrogée.

Elle n'en dit pas davantage car elle avait aperçu Karina qui sortait de la maison des nymphes.

La jeune fille prit le chemin de la forêt, non sans avoir jeté par-dessus l'épaule un coup d'œil à ses sœurs plongées dans le sommeil.

Soraya attendit que Karina les rejoigne. Elle sentait le regard perplexe de Matreia, qui devait réfléchir à ce qu'elle venait d'apprendre, et se força à ne pas se tourner vers elle.

– Sois très attentive, dit la reine lorsque Karina fut assez proche. J'ai jugé que tu n'avais pas accompli la mission que je t'avais confiée hier. Si tu veux prendre place parmi les chasseuses, il va te falloir réussir une autre épreuve et, cette fois, ce sera ta dernière chance.

– Mais j'ai réussi ! riposta Karina. Stone a parlé ! Il nous a expliqué le fonctionnement de l'œil du milieu.

– Il a menti ! répliqua la reine. Tu as constaté comme moi que cela ne marchait pas. Et je pense que tu ne nous as pas dit toute la vérité. J'exige de connaître la raison de ton attitude.

Le visage de la jeune fille se renfrogna.

– Je n'ai rien de plus à ajouter.

– Tu vois ! fit Matreia à l'intention de la reine. Tu n'arriveras à rien avec elle.

– Ne comprends-tu pas que je cherche à te venir en aide ? reprit Soraya.

– Je n'ai pas besoin d'aide, rétorqua la jeune fille.

– Pourquoi t'obstines-tu à prétendre que cet engin était l'œil du milieu ? insista la reine. Qu'as-tu donc en tête ?

Karina détourna les yeux et ne prononça pas un mot.

Au bout d'un long moment, Soraya échangea un regard avec Matreia.

– C'est bon, fit-elle enfin. Nous allons partir pour la Boétie. Il te reste un peu de temps pour réfléchir, Karina. Sache que ta destinée est entre tes mains.

– Sur la Boétie ? demanda la nymphe, relevant la tête.

La reine s'était élancée d'un pas rapide sur le sentier, aussitôt suivie par Karina. Matreia leur emboîta le pas.

Elles traversèrent la forêt et, au bout d'une dizaine de minutes, débouchèrent sur la plage. Le soleil brillait déjà d'un éclat aveuglant, au milieu d'un ciel débarrassé de tout nuage. Le vent soufflait avec violence, plus chaud encore que dans la clairière. Il fallait se protéger du plat de la main pour ne pas recevoir de grains de sable dans les yeux.

En quête de petits mollusques, une dizaine de plumards piquetaient le sol humide, à l'endroit où les vagues venaient mourir. Ils levèrent la tête un bref instant en direction des trois personnes qui s'avançaient vers la mer, puis se remirent au travail, comme s'ils savaient que les proies qu'ils cherchaient allaient se raréfier d'ici peu, décimées par la canicule.

Alertés par on ne sait quel signe, plusieurs ménestrels apparurent dans le chenal qui séparait les îles. Ils se mirent à évoluer à la crête des rouleaux, jouant avec les remous. Ils semblaient ne pas se soucier le moins du monde de l'éprouvante saison qui commençait.

– Nous voulons nous rendre sur la Boétie, déclara Soraya en s'adressant aux ménestrels.

– À votre service, charmante souveraine, répondit une voix qui se fit entendre simultanément dans l'esprit de Soraya, de Matreia et de Karina.

Trois ménestrels quittèrent aussitôt le petit groupe pour nager vers la côte. Soraya prit place sur le premier, en serrant de ses bras et jambes son corps lisse et vigoureux.

– La Boétie ? reprit la voix muette. Vous lancez une nouvelle chasse au slavon ?

– Je n'ai pas à te répondre, riposta la reine. Partons, nous n'avons pas de temps à perdre.

– Bien, bien, fit la voix d'un ton légèrement moqueur. Dans ce cas, accrochez-vous solidement.

Les trois ménestrels filèrent dans les eaux du chenal aussi prestement que la reine le leur avait demandé. Aucun d'eux n'émit plus la moindre remarque, pas plus que ne parlèrent leurs passagères. Les ménestrels possédaient cependant la particularité de sonder les pensées de tous ceux qu'ils approchaient, même à leur insu. Ce qui leur permit de découvrir une large part du plan de Soraya, auquel elle ne pouvait s'empêcher de songer, n'étant pas encore totalement persuadée de son bien-fondé.

Leurs congénères, restés auprès du rivage, avaient eux aussi pris connaissance des pensées de la reine. Ils savaient donc qu'il leur fallait agir. Car, s'ils ne faisaient rien, un événement tragique allait advenir à coup sûr, un événement qui pouvait ruiner le projet secret que menaient ces êtres aquatiques. Un projet au service duquel ils mettaient les mystérieux pouvoirs que leur avait conférés la nature.

CHAPITRE IX

La nuit qui venait de s'achever n'avait pas été plus reposante pour Samuel Stone que pour la reine Soraya. La stupeur éprouvée en découvrant son assaillant avait été si forte que le garçon était d'abord resté une longue minute sans réaction.

Lorsqu'il s'était enfin penché vers le sol en écartant les feuilles du palmier, il avait tenté de discerner ce qu'il était advenu du capitaine Morris après sa chute. La faible lueur du croissant lunaire ne parvenait pas à percer le rideau de végétation qui couvrait la forêt.

Sam avait attendu encore un moment, tendant l'oreille au moindre bruit, dans l'angoisse de voir à nouveau son ennemi grimper le long du tronc de l'arbre. Son ennemi ? Oui, il fallait bien l'admettre.

Quelque chose était arrivé au capitaine Morris pour qu'il s'acharne ainsi sur Sam, car il était impossible qu'il ne l'ait pas reconnu, après une pareille poursuite. Et ces hululements de spectre sorti du tombeau ? Sam ne parvenait pas à s'expliquer ce qui avait pu transformer ainsi l'homme qu'il avait eu tout loisir de connaître au cours des deux mois de traversée.

Le capitaine Morris que Sam avait fréquenté n'élevait que très rarement la voix, agissait la plupart du temps avec une parfaite maîtrise de ses gestes et ne laissait s'exprimer ses sentiments que de manière pour le moins modérée. C'était une des personnes les plus impassibles que le jeune mousse avait eu l'occasion de fréquenter.

Et voilà qu'il le retrouvait hurlant dans les bois et lançant des pierres dans le but évident de blesser ou même de tuer !

La gorge de Sam était sèche, ses poumons le faisaient souffrir, et ce n'était pas le vent brûlant qui soufflait dans les palmes qui lui apportait le moindre soulagement.

Au bout d'un bon quart d'heure, il se risqua à descendre de son perchoir.

Au bas du tronc, le buisson d'épines portait la trace de la chute du capitaine Morris. Les branches étaient aplaties là où le corps était tombé. L'homme avait disparu. Sam observa attentivement les alentours, autant que le lui permettait le peu de lumière venant des nues.

Un moment, il avait cru que Morris avait été changé en esprit. Après le naufrage du *Queen Bee*, métamorphosé en spectre, il était revenu vers les îles pour terroriser leurs habitants. Pourtant, le contact de la grosse noix avec la tête du capitaine prouvait que son corps n'avait rien perdu de sa consistance. Et dans sa chute, il avait écrasé branchages et bouquets de ronces. Il ne s'agissait donc pas d'un fantôme errant sur Altiplano.

La tension qui serrait la poitrine de Sam finit par se relâcher, sans l'abandonner complètement. À tout instant, son agresseur pouvait surgir de l'obscurité et il devait rester sur ses gardes.

Il décida de prendre le chemin de la plage. En s'avançant vers le rivage, Sam aperçut des taches sombres sur le sable. La lueur de la lune lui permit de se rendre compte qu'il s'agissait d'un liquide épais et poisseux. On aurait bien dit du sang…

Les taches formaient une sorte de piste qui serpentait sur la plage, avant de partir vers une anse cachée derrière une haie d'arbustes chétifs et secoués par les rafales de vent. Sam suivit les traces jusqu'au petit vallon creusé par le flux et le reflux de la mer. Et aperçut aussitôt le corps du capitaine Morris. Une flèche était plantée dans son flanc gauche et, sous lui, le sable était plus noir.

Samuel se pencha pour distinguer ses traits. L'homme avait la bouche ouverte. Ses yeux étaient fermés. Sa main droite serrait une pierre.

Était-il mort ?

Au bout d'un moment, Sam comprit que non. La poitrine du capitaine se soulevait, selon un rythme lent mais régulier. Le garçon hésita. Puis sortit l'œil du milieu de son étui, le déplia et le braqua sur le capitaine Morris.

L'éclat lunaire ne lui permettait pas de voir avec netteté la silhouette de l'homme allongé sur le sable. Il lui fallut plusieurs secondes avant de discerner une scène...

Il reconnut alors le capitaine, occupé à ramer ferme à bord de ce qui paraissait être une chaloupe, pareille à celles que l'on trouvait sur le *Queen Bee*.

Cela signifiait donc que, d'une manière ou d'une autre, le capitaine allait non seulement survivre mais surtout qu'il allait réussir à dénicher une embarcation digne de ce nom ! Qu'il quitterait les îles ! Que tout n'était pas perdu ! Et si Sam pouvait voir cette image, cela impliquait qu'il allait être du voyage !

Absorbé par la contemplation du spectacle offert par la longue-vue, les paupières serrées, Samuel ne se rendit pas compte que la poitrine de l'homme étendu à ses pieds venait d'être agitée d'un frémissement. Le garçon cherchait à ne rien perdre de la scène, il tenait à en apprécier chaque détail et tentait d'en voir davantage. D'où provenait cette chaloupe ? Le nom du navire auquel elle appartenait devait être inscrit quelque part. Sur une plaque de cuivre vissée sur le rebord, ou gravé en lettres sombres sur l'étrave. Sam observait avec fébrilité. Il finit par découvrir le début d'une inscription sur le plat-bord, à la faveur d'un déplacement du capitaine qui n'avait cessé de ramer avec vigueur. Sam déchiffra « Fort… ». Suivaient quelques lettres qui restèrent malheureusement illisibles. Il crut aussi remarquer un autre personnage, derrière le capitaine Morris, sans parvenir à l'identifier.

La main de l'homme allongé devant lui s'était contractée sur la pierre qu'il tenait. Puis ses doigts s'ouvrirent et laissèrent rouler le caillou sur le sable, sans un bruit. Sam ne s'était encore aperçu de rien. L'image transmise par l'œil du milieu perdait peu à peu de sa précision. Les contours devenaient flous, une sorte de brume noire tombait sur la scène. Déjà l'obscurité noyait le décor autour de la chaloupe. La silhouette du capitaine Morris se déformait inexorablement, malgré les efforts de Samuel.

La lunette n'en dirait pas plus. Le garçon savait qu'il allait devoir abandonner. Une main se referma alors sur son poignet gauche. Sam sentit un poids s'accrocher à son bras. Il rouvrit les yeux. Avant de basculer vers l'avant et de s'affaler dans le sable humide, à côté du capitaine retombé avec lui.

Morris n'avait pas retrouvé toutes ses forces. Il avait perdu beaucoup de sang après avoir reçu dans le flanc la flèche tirée par la rombière au cours de la nuit. Le capitaine agrippait toujours le poignet de Sam et semblait décidé à attirer le garçon vers sa poitrine, comme pour le serrer contre lui dans une accolade chaleureuse. Mais son regard luisait d'une telle fureur qu'il était impossible de croire à ses bonnes intentions.

Sam chercha à se libérer, tout en essayant d'amadouer Morris.

– Capitaine ! Capitaine, c'est moi, Samuel Stone !

Un éclat plus cruel encore passa dans les yeux de l'homme.

– Ah ! Ah ! s'écria-t-il. Le mousse. Stone le mousse ! Je te retrouve enfin.

Il passa son autre bras autour du cou de Sam, dans une étreinte violente, pour l'empêcher de s'écarter.

– Qu'est-ce qui vous arrive, capitaine ?

– Je vais te tuer, mon garçon, déclara le capitaine en crachant des gouttelettes de salive au visage de Sam. J'aurais dû le faire depuis longtemps. C'est préférable pour tout le monde. Tu n'as pas encore compris, petit imbécile ?

– Mais pourquoi ? cria Sam, se débattant avec plus de détermination pour s'arracher aux bras de Morris qui l'enlaçaient. Êtes-vous devenu fou ? Je n'ai rien fait pour mériter la mort.

– Ton oncle Waldemar ne me pardonnerait pas de te laisser la vie sauve.

Pour Sam, ce fut comme si une massue venait de s'abattre sur son crâne. Il sentit à peine ses muscles se relâcher. Ses forces le quittèrent, tandis qu'il ouvrait la bouche, étourdi par ce qu'il venait d'entendre.

Le capitaine en profita sans perdre une seconde. Il porta les mains au cou du garçon et se mit à serrer jusqu'à l'étouffer. Ses pouces s'enfoncèrent dans la chair de Sam. Leurs visages étaient l'un contre l'autre, et le regard du capitaine, brillant d'une lueur féroce, plongeait dans celui du garçon, guettant les dernières traces de vie et s'attendant à ce qu'il lance, dans un sursaut désespéré, sa dernière énergie dans l'affrontement.

Mais, sans même en être conscient, Samuel avait cette fois choisi de capituler. Apprendre que son oncle Waldemar souhaitait le voir mourir l'avait anéanti, plus que toutes les mésaventures, les périls et les épreuves subis sur les îles.

Il se laissa étrangler sans réagir. L'air vint à lui manquer. Un voile rouge et noir s'abattit sur ses yeux.

CHAPITRE X

Un cri de douleur retentit soudain aux oreilles de Sam, si proche qu'il pensa d'abord l'avoir lui-même poussé. L'étau qui lui serrait la gorge s'était relâché. Le garçon aspira un grand coup pour emplir ses poumons asphyxiés. Il se mit aussitôt à tousser, en recrachant la salive accumulée dans sa bouche.

– On dirait que je tombe à pic, déclara une voix. Ce sinistre individu était sur le point de faire passer de vie à trépas mon plus cher ami sur cette terre.

Portant une main à son cou meurtri, Sam s'agenouilla sur le sable. Sa respiration retrouva lentement un rythme normal, mais il avait l'impression d'aspirer du feu. Il avala avec précaution, puis entrouvrit les paupières et tourna la tête. Une silhouette se tenait penchée sur le corps du capitaine Morris.

– Désolé de ne pas être arrivé plus tôt pour vous tirer de ce mauvais pas, monsieur Stone, reprit la voix. Mais il m'a fallu convaincre une sirène de me transporter jusqu'à Altiplano, et laissez-moi vous dire que ce ne fut pas chose aisée. Ces animaux se montrent parfois plus têtus que des bourriques.

– Je crois que je n'ai jamais été aussi content de vous voir, Albert, articula Sam avec difficulté, sans cesser de palper sa gorge.

Le capitaine poussa une nouvelle plainte en se tordant de douleur sur le sable humide. Albert venait d'empoigner la tige de la flèche, dont la pointe était toujours plantée dans le flanc de Morris, à hauteur de sa hanche. Il suffisait à Albert de remuer cette tige pour déclencher une vague de souffrance intolérable dans le corps du capitaine et lui interdire de la sorte tout autre mouvement.

– Que vous voulait donc ce vilain ? demanda Albert sans lâcher la flèche.

Sam parvint enfin à se lever. Il s'essuya le front du plat de la main et observa le visage du capitaine, trempé de sueur et grimaçant.

– Il cherchait à me tuer.

– Dans ce cas, il n'y a plus à hésiter. Punissons cette audace.

Albert venait de dégager de sa ceinture un couteau taillé dans une coquille de bénitier. Il se pencha sur Morris et appuya la lame affûtée sur la glotte proéminente du capitaine. Il se préparait manifestement à lui taillader la gorge d'un coup sec. Samuel arrêta son geste.

– Non ! dit-il. Pas tout de suite, Albert.

– Vous souhaitez que je le fasse souffrir encore un peu avant de l'achever ? Je ne vous connaissais pas cette cruauté. Mais il est vrai que ce vaurien a bien failli réussir à vous assassiner. Il y a de quoi se montrer rancunier.

– Ce n'est pas cela.

Sam ramassa la longue-vue tombée dans le sable au moment où le capitaine s'était jeté sur lui. L'engin n'avait pas souffert. Samuel put s'en rendre compte aussitôt qu'il l'eut posé à la racine de son nez.

Cette fois, l'image présentait le capitaine Morris en compagnie d'Albert. Et tous deux se trouvaient à bord de la chaloupe que Sam avait déjà pu voir. Ils partaient ensemble ! C'était sûrement l'ombre d'Albert se tenant derrière le capitaine que le garçon avait distinguée furtivement quelques minutes plut tôt.

Sam referma l'œil du milieu, le replaça dans son étui et le glissa dans sa ceinture.

– Eh bien ? demanda Albert. Puis-je en terminer avec ce drôle, à présent ?

Il tenait toujours la lame de son couteau sur la gorge du capitaine. Morris grimaçait mais avait cessé de remuer, de crainte de sentir l'arme lui percer la chair.

– Il est dit que vous ne supprimerez pas cet homme, déclara Sam. Du moins pas dans l'immédiat.

– Et qui prétend cela ? s'étonna Albert.

– L'œil du milieu. Je viens de vous voir, le capitaine et vous, installés dans une chaloupe, occupés à ramer l'un et l'autre avec énergie.

– Vous êtes doté d'une riche imagination, c'est le moins qu'on puisse affirmer, mon cher monsieur Stone.

– Je sais où trouver une chaloupe, déclara alors le capitaine d'une voix mal assurée. Si c'est ce que vous cherchez.

Albert se pencha sur Morris.

– Je ne pense pas qu'on vous ait permis de parler.

– De quelle chaloupe s'agit-il ? demanda Sam en s'approchant. Elle se trouve cachée dans les environs ?

Le capitaine parut réfléchir.

– Laissez-moi m'en aller et je vous le dirai.

– Balivernes, s'emporta Albert. Ne l'écoutez pas, monsieur Stone. Laissez-moi en finir une fois pour toutes.

Il se pencha à nouveau sur Morris, en enfonçant la pointe de sa lame sous son menton.

– La frégate *La Fortune* doit croiser dans les eaux d'Oomana d'ici peu, reprit le capitaine en comprenant qu'Albert était sérieux et sur le point de lui trancher la gorge.

La Fortune !

Sam se souvint des lettres qu'il avait discernées sur le plat-bord du canot, grâce à l'œil du milieu, et qui correspondaient bien au nom de ce navire. Le capitaine n'aurait pas pu inventer cela pour se tirer d'affaire.

– Avant de vous libérer, je veux savoir ce qu'il en est concernant mon oncle, reprit Samuel. Pour quelle raison avez-vous dit qu'il ne vous pardonnerait pas de me laisser en vie ?

Une fois encore, Morris demeura songeur.

– Après tout, quelle importance ? finit-il par déclarer au bout d'un bref instant. Je peux bien te le dire, petit mousse. Ton oncle Waldemar m'a offert de devenir son associé si je parvenais à le débarrasser de toi. Lorsque nous avons embarqué, il était sur le point de faire un héritage important. Il ne tenait à partager ce pactole avec qui que ce soit, et surtout pas avec toi.

– Taisez-vous ! s'exclama Samuel.

Ses mains s'étaient mises à trembler aux premiers mots du capitaine. Celui-ci poursuivit, contre la volonté du garçon, mettant aussitôt à profit le choc causé par ces révélations.

– Waldemar Stone va devenir un des hommes les plus riches de la ville et, grâce à ma collaboration, il ne devrait pas s'arrêter là. Je cherchais depuis longtemps une couverture pour mes activités, ajouta Morris, et ton oncle est l'associé idéal dans ce genre d'affaires.

– De quelles affaires s'agit-il donc ? demanda Albert.

– Mais de piraterie, bien sûr ! répliqua le capitaine. Il me faut un commerçant à la réputation bien établie pour écouler les marchandises dont je compte prendre possession.

– Un pirate ! s'écria Sam. Vous êtes un pirate ?

– Ah ! fit le capitaine sans paraître déceler le mépris que trahissait l'expression du garçon. Sans ce maudit orage et la perte du *Queen Bee*, je serais déjà en position pour attaquer *La Fortune* ! Les cales de cette frégate débordent d'épices et d'étoffes précieuses.

Samuel était trop abasourdi pour réagir. Il s'éloigna de quelques pas en direction du rivage. Sa tête était affligée d'un martèlement lancinant. Il ne répondit pas à la question d'Albert qui désirait savoir ce qu'il devait faire du capitaine.

Il voulut s'asseoir sur le sable humide, à l'endroit où mouraient les vagues.

Mais une voix s'immisça dans son esprit, au milieu du brouhaha des pensées qui s'y bousculaient.

– Souhaites-tu revoir Karina ?

Sam mit un moment à saisir ce que signifiaient ces mots.

– Karina ?

– Je croyais que tu y tenais, à cette fille, reprit la voix.

Le garçon tourna la tête en tous sens.

Un ménestrel nageait dans l'eau peu profonde. Son visage humain était très grave.

– Vous savez où est Karina ? demanda Sam en s'avançant dans le remous des vaguelettes.

– Elle se trouve sur la Boétie. Et je sais aussi qu'elle court un grave danger, dit le ménestrel sans remuer les lèvres. Un danger mortel. Tu es le seul qui puisse lui venir en aide.

Samuel sentit sa peau se hérisser à l'idée que la vie de Karina était en péril.

– Vous voulez bien m'emmener jusqu'à la Boétie ? demanda-t-il.

– Je suis là pour ça, répondit simplement le ménestrel,

en se tournant pour que le garçon puisse s'installer sur son dos.

L'instant d'après, monture et passager filaient à une allure folle vers la côte de l'île voisine.

CHAPITRE XI

C'était l'odeur que l'on percevait tout d'abord, une senteur fétide imprégnant l'air du sous-bois. Le sol était couvert d'une épaisseur de feuilles mortes, qui pourrissaient très vite dans ce climat humide et chaud. Il fallait prendre garde à ne pas enfoncer le pied dans un des nombreux trous grouillant de larves d'insectes, de gros asticots blanchâtres qui profitaient de cette nourriture plus qu'abondante.

Karina fit la grimace en fronçant les narines. Elle venait de chasser une grosse mouche verte qui s'apprêtait à lui piquer le bras du bout de sa trompe effilée.

Elle n'était jamais venue dans cette partie de la Boétie. Lors de ses pérégrinations sur l'île en compagnie de son amie Rana, elle s'était contentée d'explorer les abords de la plage et les fourrés qui la longeaient. Chose qui leur était déjà interdite. Les nymphes ne pouvaient en aucun cas quitter Altiplano sans être accompagnées d'une adulte.

Karina s'aperçut que la reine s'était retournée pour lui adresser un signe et l'inviter à ne pas traîner en chemin. Soraya et Matreia se trouvaient à une dizaine de mètres devant elle. Malgré l'éclat du soleil, un clair-obscur perpétuel régnait dans la forêt, causé par l'entrelacs de feuilles qui formait une sorte de dôme.

La jeune fille obéit à la reine et pressa le pas. L'odeur désagréable augmentait à mesure que l'on dévalait la pente de cette vallée humide.

– Qu'est-ce qui sent si mauvais ? demanda-t-elle, s'adressant à Soraya.

La reine lui jeta un coup d'œil par-dessus l'épaule, sans cesser d'avancer.

– C'est la Bouche d'Ombre, dit-elle simplement.

Karina eut un geste de surprise.

– Elle est ici ?

– Là, tout au fond, déclara Matreia, pointant un doigt dans cette direction.

– Ça pue, reprit Karina.

– C'est pire encore juste à côté, rétorqua la chasseuse à la peau cuivrée.

Elle replaça le bandage qui encerclait son crâne. Sans doute sa blessure à la tempe la faisait-elle souffrir, mais il n'était pas question de l'avouer, surtout devant une nymphe.

– Pourquoi y allons-nous ? s'enquit Karina.

Une nuée de mouches minuscules voletaient dans un triangle de lumière dessiné par un rayon se glissant entre les feuilles.

– C'est un lieu sacré, dit la reine. J'espère qu'il aura assez d'influence sur toi.

Son ton était empreint de gravité. Karina réfléchit. Des histoires fantastiques concernant cet endroit couraient parmi les nymphes. La Bouche d'Ombre revenait souvent dans les cauchemars qui troublaient le sommeil des gamines. On parlait d'un lieu habité par Kasper le Malin, de monstres sanguinaires, d'esprits acharnés à la perte de tous ceux qui s'aventuraient dans la région.

– Qu'y a-t-il au juste à la Bouche d'Ombre ? demanda la jeune fille.

– Tais-toi et avance ! riposta sèchement Matreia.

Karina haussa les épaules avec ostentation, signe qu'elle ne comptait pas suivre les ordres lancés par toute autre que la reine. Celle-ci lui ayant adressé un nouveau regard, elle obtempéra sans plus rechigner.

L'odeur devint proprement nauséabonde. C'étaient des relents de viande et de chair en putréfaction. Karina essaya de respirer le moins possible et se rendit compte qu'en ouvrant la bouche, la puanteur paraissait atténuée. Malheureusement, les insectes en profitaient aussitôt pour s'engouffrer entre vos lèvres.

Karina cracha avec dégoût, avant de se résigner à subir l'odeur atroce.

Puis elle aperçut, au bas de la pente, les deux bandes de terre noire qui entouraient une crevasse plus noire encore, et elle sut avec certitude, sans l'avoir jamais vue, qu'il s'agissait de la Bouche d'Ombre.

Lorsque la plage de la Boétie ne fut plus qu'à quelques pieds, Samuel débarqua de manière hâtive et se rua vers le rivage.

– Cette fois, je vous dis merci, déclara-t-il en esprit, sans prendre la peine de se tourner vers son interlocuteur, ayant compris que c'était inutile. Je ne sais pas ce que je vais trouver ni comment je vais me débrouiller pour aider Karina, en tout cas, merci pour l'aide que vous m'avez apportée jusqu'ici.

– Ce n'est pas seulement pour toi que j'ai agi de la sorte, répliqua le ménestrel de manière énigmatique.

Au cours de la rapide traversée qu'ils venaient d'effectuer, Sam avait appris que Soraya et Matreia avaient emmené Karina à la Bouche d'Ombre.

Pressé par les questions insistantes du jeune garçon, l'être aquatique avait fini par lui avouer qu'à l'insu des rombières, il arrivait aux ménestrels de transporter des slavons d'une île à l'autre. Samuel l'avait plus ou moins deviné, puisqu'il n'existait aucun autre moyen de se déplacer, et que personne, à part lui-même, ne savait nager. C'est d'ailleurs grâce à cette assistance que, le jour où Sam avait débarqué sur Altiplano, il y avait trouvé Albert du Postillon, avant de tomber dans un des pièges creusés par le jeune Nabil.

Sam avait voulu savoir ce que cherchaient les ménestrels en agissant de la sorte. Sa monture, après un moment de silence, s'était contentée de rétorquer : « Eh bien, on s'amuse un peu, voilà tout. Aucun mal à cela. Sans compter que nous aimons rendre service. »

Après quoi, il avait refusé de converser plus longuement avec Sam. La côte de la Boétie était toute proche et il avait pris ce prétexte pour cesser de parler. Mais il ajouta quelques mots, alors que Sam filait vers la lisière des palmiers bordant la plage, aussi vite que le lui permettait son pied de bois, et ces derniers mots étaient sans doute les plus énigmatiques de tous.

« Écoute la chanson mais pas les chanteurs, sinon tu n'en sortiras pas », avait lancé l'être aquatique avant de s'éloigner du rivage de la Boétie en frappant l'écume des vagues à grands coups de sa queue plate.

Samuel s'enfonça sous le couvert des arbres. Quelques minutes plus tard, il reconnut avec soulagement l'épaisse forêt s'étalant en pente douce, passé le sommet de la colline. Et l'odeur qui lui monta aussitôt aux narines lui parut moins nauséabonde qu'auparavant. Car il savait qu'au fond de la vallée, devaient se trouver la Bouche d'Ombre et Karina.

Samuel s'élança sur la couche de feuilles pourries. Il ne prêta guère attention aux nuées d'insectes qui volaient autour de lui. Un moustique en profita pour se poser sur sa nuque et le piquer, aspirant aussitôt une goutte de sang frais, avant d'être écrasé d'un coup sous la paume de Sam.

Le garçon ralentit brusquement sa descente en enfonçant son pied de bois dans le tapis de feuilles. Il avait entendu des voix provenant du fond de la vallée. Il s'immobilisa et tenta de percer du regard l'écran des troncs serrés.

Il vit aussitôt la reine qui lui tournait le dos. À côté d'elle se tenait Karina. La clarté était plus forte car les arbres s'espaçaient. Dans cette trouée se glissaient les rayons de soleil formant un puits de lumière.

Soraya avait un bras posé sur les épaules de la jeune fille, dont la chevelure brillait d'un éclat magnifique. Toutes deux se trouvaient au bord de la crevasse qui s'ouvrait dans le fond de la vallée et dont les deux replis herbeux dessinaient des lèvres parfaites.

– Je vais te poser encore une fois la question, déclara Soraya d'un ton si ferme que Sam parvint à l'entendre distinctement.

– J'ai déjà dit tout ce que je savais, répliqua Karina. Pourquoi ne quittons-nous pas cet endroit ?

– Ce que nous a montré Stone hier soir est-il oui ou non l'œil du milieu ? demanda la reine.

– Oui ! Bien sûr que oui.

– Mensonge ! s'exclama Matreia qui se tenait à proximité.

– Ce ne peut pas être l'œil du milieu, car cet objet est cassé et ne peut plus être d'aucune utilité, protesta la reine. Oh, Karina ! Karina ! Pourquoi t'entêtes-tu de la sorte ? N'as-tu pas compris que ton sort est en train de se jouer et avec lui notre sort à toutes ?

– Ce que j'ai compris, c'est que vous refuserez toujours de me croire et de croire Stone, lança Karina en tentant de s'écarter. Ce n'est pas parce que Matreia n'a pas réussi à s'en servir que la longue-vue est inutile. Stone arrive à la faire fonctionner, lui, et…

– Ce slavon t'a fait tourner la tête, l'interrompit Matreia. Si tu ne le comprends pas, je crois qu'il n'y a aucun espoir de te faire revenir à la raison.

– Je sais que c'est l'œil du milieu, parce que c'est moi qui lui ai donné la clé pour ouvrir l'étui, reprit Karina.

Un silence s'ensuivit. Samuel sentit un frisson lui parcourir le dos.

– La clé ? demanda enfin la reine. De quoi parles-tu ?

– J'avais une clé, expliqua Karina. Une clé de nacre. La seule qui pouvait ouvrir l'étui renfermant l'œil du milieu. Je l'ai…

Elle hésita à en dire davantage, sentant que cela pouvait se révéler dangereux pour elle. Mais elle était poussée à bout et décidée à en finir, une fois pour toutes.

– Oui ? insista Soraya. Qu'as-tu fait de cette clé ?

– Je l'ai donnée à Stone, après l'avoir blessé, lors de notre première rencontre. Je ne sais pas pourquoi. Je n'ai pas réfléchi.

– Moi, ce que j'aimerais savoir, c'est d'où te venait cette clé ? demanda Matreia en s'approchant. Et pourquoi tu es si sûre qu'elle devait donner accès à l'œil du milieu. Qui t'a mis cette idée en tête ?

Sam vit Karina se redresser et écarter les mèches de cheveux retombées devant ses yeux.

– Cette clé, c'est mon père qui me l'a confiée, dit-elle dans le silence qui venait de tomber sur la vallée.

Matreia se jeta sur elle avec violence.

– Ton père ! s'exclama-t-elle en empoignant le bras de Karina. Impossible ! C'est blasphème et rien de plus. Tu n'as pas de père.

– Si ! s'écria la jeune fille. C'est lui qui me l'a donnée et qui m'a expliqué qu'elle et elle seule pouvait ouvrir l'étui.

– Karina, tais-toi ! ordonna la reine.

– Non, fit Karina. C'est la vérité. Mon père avait raison. Depuis le début.

– Puisqu'il en est ainsi, tu auras bien mérité la mort qui t'attend, dit Soraya.

Et d'un geste précis, de ses deux mains posées dans le dos de Karina, elle bouscula d'un coup sec la jeune fille vers la crevasse obscure.

Karina en tombant poussa un long cri, un cri glaçant qui retentit dans la forêt et fit trembler Samuel.

La jeune fille venait de disparaître, engloutie par la Bouche d'Ombre.

TABLE DES MATIÈRES

Patrick Delperdange

Je me suis réveillé un matin avec une étrange expression en tête. Ces quelques mots ont flotté dans mon esprit, jusqu'à ce que je me décide à les noter sur un bout de papier. Après quoi, j'ai oublié cette note abandonnée avec les autres dans le désordre de ma table de travail. Expression qui, par je ne sais quel mystère, a fini par attirer mon attention. J'ai donc relu ce que j'avais écrit ce matin-là : l'œil du milieu…

Qu'est-ce que cela pouvait bien vouloir dire ? Je n'en avais pas la moindre idée. J'ai soudain ressenti l'envie pressante de m'expliquer à moi-même ce que pouvait signifier cette formule. *L'Œil du milieu* est donc devenu le titre d'un roman. Je me suis lancé comme à mon habitude : tête la première, sans savoir où j'allais, ni ce que cela pouvait donner au bout du compte.

Au bout du compte, cela a donné six épisodes remplis de personnages, de quatre îles, de rombières et de ménestrels, de slavons et de nymphes, et de l'aventure de Samuel Stone. Six cents pages, sorties d'une simple expression, ancrée dans mes souvenirs un beau matin, après une nuit peuplée de rêves oubliés.

Du même auteur :

AUX ÉDITIONS NATHAN
Série « L'Œil du milieu »

CHEZ D'AUTRES ÉDITEURS
Le Royaume des Euménides, tome 1, Gallimard, 2005
Comme une bombe, Labor, 2004
Tombé des nues, Labor, 2004

Olivier Nadel

Dans son île couverte de forêts de pins,
Il cherche l'inspiration et la lumière,
Par d'improbables alchimies d'huile de lin.
Dans les brumes de sa mémoire naufragée,
Percent encore Vélasquez et puis Degas,
Cyrano, Burian et le Tintin d'Hergé.
Parfois vers les rivages de l'Est, il s'en vient,
Parler de son art aux mouettes argentées
Qui le nourrissent à leur tour, il le sent bien…

Dieu qu'il est bon de se perdre pour rêver.

Vous avez aimé

LA NYMPHE ET SON SECRET.

Retrouvez la série…

L'ŒIL DU MILIEU

PATRICK DELPERDANGE
Ill. d'Olivier Nadel
Aventure (12 ans et +)

À paraître en septembre 2007 dans la même collection…

Dans la Bouche d'Ombre
(Également disponible en grand format dans le volume intitulé
« *La nymphe et son secret* »)

Disponible en grand format…
Le complot des ménestrels (suivi de *Le souffle des pierres*)

N° d'éditeur : 10136986 – Dépôt légal : mai 2007
Imprimé en France par Hérissey à Évreux - N° d'impression : 104535